John B. Robinson

Des Predigers Pilgerreise durch Probedienst, Reisedienst und Dienstunfähigkeit

zur Dienstbelohnung und Krönung

John B. Robinson

Des Predigers Pilgerreise durch Probedienst, Reisedienst und Dienstunfähigkeit
zur Dienstbelohnung und Krönung

ISBN/EAN: 9783742847034

Hergestellt in Europa, USA, Kanada, Australien, Japan

Cover: Foto ©Lupo / pixelio.de

Manufactured and distributed by brebook publishing software
(www.brebook.com)

John B. Robinson

Des Predigers Pilgerreise durch Probedienst, Reisedienst und Dienstunfähigkeit

Dr. J. B. Robinſon.

Des

Predigers Pilgerreise

— durch —

Probedienst, Reisedienst und Dienstunfähigkeit

— zur —

Dienstbelohnung und Krönung.

Von

J. B. Robinson, D. D. Ph. D.

Uebersetzt und mit Zusätzen herausgegeben von C. A. Paeth.

„Wie sollen sie aber hören ohne Prediger?"
Paulus.

Chicago, Illinois.

Vorwort des Herausgebers.

Es hat mich bei der Herausgabe dieses Buches in deutscher Sprache der Gedanke geleitet, daß dasselbe geeignet sei, Segen zu stiften, wo immer es im rechten Sinne nachdenkend gelesen werden würde. Das Buch ist aber keine bloße Uebersetzung des englischen Werkes, sondern eine erweiterte Bearbeitung desselben.

Der Verfasser hat mir schriftliche Materialien zugestellt, die ich hineingewoben habe, und manche Stellen des englischen Werkes, die mehr oder minder nur lokales Interesse hatten, wurden weggelassen oder umgearbeitet. Auch sind einige poetische Zusätze gemacht worden, die sich im englischen Werke nicht finden. Indessen ist Alles im Einverständnisse mit dem Verfasser geschehen, so daß der Leser im vollen Sinne des Wortes das Werk des Mannes hat, der als Verfasser genannt ist. Daß das Buch meinen deutschen Amtsbrüdern von Nutzen sein möge, ist mein aufrichtiger Wunsch; und wird dieser Wunsch auch nur in etwa erfüllt, so bin ich für meine Arbeit reichlich belohnt.

C. A. P.

Inhalts-Verzeichniß.

Vorwort.

Dieses Werk ist beabsichtigt ein Handbüchlein für Prediger, und ganz besonders für j ü n g e r e Prediger zu sein. Es vertritt, seinem Lehrinhalte nach, den allgemeinen Standpunkt biblischer Auslegung und Anschauung, wie derselbe von allen christlichen Denominationen vertreten wird.

Während die Stufen des Probe= und Reisedienstes, der Dienstunfähigkeit und der Dienstbelohnung oder Krönung nicht von allen christlichen Benennungen so formell ausgesprochen sein mögen, wie in diesem Buche, so werden doch alle diese Zustände von jedem wahren Prediger des Evangeliums praktisch durchlebt. Denn Jeder beginnt seine Laufbahn ohne Erfahrung, erwirbt sich aber später mehr Geschick und Tüchtigkeit, und wartet schließlich, erschöpft, nach viel Schweiß und Arbeitsmühe, als gebrechlicher Veteran auf seine Krönung.

Der Verfasser hegt bescheiden die Hoffnung, daß durch das Verdienst unseres Erlösers und die Leitung des heiligen Geistes, die in diesem Buche gemachten Andeutungen, manchen gesalbten Knecht Gottes im Dienste seines Herrn anregen, und für diesen wichtigsten und verantwortlichsten Beruf auf Erden begeistern mögen.

J. B. Robinson.

Erster Theil.

Der Probedienst.

„Folget mir nach, ich will euch zu
Menschenfischern machen."

Jesus.

Wie hat der Herr so heimlich,
So still sein Werk begonnen!
Er hat zuerst zwei Fischer
Für seinen Dienst gewonnen:
Wie klein ist diese Schule, —
Schwer faßt sie seine Lehren,
Und doch will er die Welt noch,
Die ganze Welt bekehren.

Trägst du sein Wort im Herzen,
So darfst du nicht verzagen,
Magst du auch eine Welt noch
Mit Schmerz im Herzen tragen.
Denk nur an Jesu Weise,
Sein Wort wird es vollbringen,
In dir die Welt besiegend,
Als Heil dich zu durchdringen.

J. P. Lange.

Erstes Kapitel.

Der Probeprediger.

Der bedeutendſte und wichtigſte Beruf im ganzen Be=
reich menſchlicher Bethätigung, iſt der des chriſtlichen Pre=
digtamtes. Während Gott, in ſeiner Vorſehung, faſt
Jedermann im irdiſchen Berufsleben offene Thüren ge=
zeigt hat, hat er den Prediger durch einen beſonderen
Boten, den heiligen Geiſt, zu einer beſonderen
Thüre gewieſen. Wenn jedoch andrerſeits der Predigt=
amts=Candidat, in ſeinem Verhältniß, es auf hohe Be=
ſoldung, gemächliches Leben und die Gelegenheiten zu
ehrſüchtiger Beförderung abſieht, überſteigt ſein Beweg=
grund ſicherlich den des bloßen Weltlings nicht. — Wäh=
rend ſchon jeder Beruf hinlänglich rein und heilig ſein
muß, um Demjenigen, der ihn erwählt, ein heiliges Le=
ben zu ermöglichen, muß der Prediger, der es ja unter=
nimmt, die Seelen, beides in Betreff zeitlicher Pflichten,
wie auch bezüglich ihrer ewigen Beſtimmung zu unterrich=
ten und zu leiten, ganz beſonders befähigt und be=
rufen ſein, um Irrthümer, in Fragen ſo umfaſſend
und ernſt, zu vermeiden. Dieſes iſt nach der Auffaſſung

der Kirche so hochwichtig, um hierin in genauer Ueberein=
stimmung mit dem Willen Gottes zu sein, damit der Geist
und die Braut mit vereinter Stimme zum rechten Amts=
canbidaten sagen mögen: „Komm!" daß jeder Amts=
bruber verpflichtet wird, sich einer zweijährigen D i e n st=
p r o b e zu unterziehen. In dieser Zeit können menschliche
Irrthümer und Wankelmüthigkeit in dem Prüfungs=
p r o z e ß reichlich auf die Probe gestellt werden. — Ob
ein Mann wirklich Halt genommen an den „Hörnern des
Altars," ober nur den Broblaib und die Fischflosse erfaßt
hat, kann sowohl ihm, wie auch seinen Brüdern klar
werden. Wenn er aber seine Hand mit der helfenden
Hand Gottes vereinigt hat, so wird das Haus Dbed=
Edoms nicht sichtbarer gesegnet werden als er.

———————

„Ganz Gott geweiht! Und nicht mehr wanken,
Dem Schilf im Winde gleich. —
Getrieben jetzt von Erdgedanken,
Und jetzt von Gottes Reich!
Nicht zweien Herren kann man dienen,
Um Gottes Freund zu sein;
Muß man das Herz — nicht nur die Mienen,
M u ß m a n s i ch g a n z dem Herzenskenner weih'n!"

———————

Zweites Kapitel.

Das Localprediger-Verhältniß als eine Art Probedienst.

Um eine begrenzte Vorschule der Erziehung zu ver=
schaffen, hat die Weisheit der Kirche die Einrichtung ge=
troffen, daß sie Localprediger=Erlaubnißscheine Denjenigen
gibt, welche sie w a h r s c h e i n l i c h berufen glaubt.
Was könnte wohl gläubiger und einsichtsvoller gethan
werden, als das Ergehenlassen dieses „ersten Rufes"
durch die Empfehlungen der Bekannten der Kindheit und
Jugend des jetzt versprechenden und frommen Jünglings?
— Empfehlungen, die ihm ausgestellt werden, während er
noch bei seinen Netzen, im Zollhause, hinter dem Pfluge,
an seinem Schreibtische, oder bei seinen Schulbüchern ist.
— Hinsichtlich der Unparteilichkeit, ist dieses gleich der
Arbeit eines Gerichtshofes, welcher einen Rechtsfall
schon zwanzig Jahre verhandelt hat. Jetzt wollen wir
sehen, ob der also Licenzirte „über Wenigem" getreu
sein wird!
Wie glücklich gewählt ist die Stufenfolge, welche
unsere Evangeliumsarbeiter zubereitet! „Erst der Halm,

dann die Aehre, dann das volle Getreide in der Aehre."
Der Vermahner ist ein Halm, ein wirklich wesentlicher,
und dennoch ein anspruchloser und zarter Sprößling des
künftigen Getreides.   Seine Erziehung und Uebung wird
einen gesunden und intelligenten Wuchs fördern.   Der
Verkehr mit älteren und verständnißreifern Brüdern wird
seine Lehrbegriffe bilden; Eifer und Erkenntniß werden
ihn kräftigen und zu einem schönen Gefüge christlichen
Charakters gestalten, und der Kandidat, welcher einst ein
Kind in Christo war, wird ein Mann werden.

Das Gebets- und Klaßzimmer und das ländliche
Schulhaus sind des Vermahners Domkirchen.   Die St.
Peterskirche in Rom ist nicht so prächtig, wie die kleine
Hütte am Kreuzwege, in welcher der Vermahner Viele
hinführt, wo sie den ersten Anblick der Himmelspforte
genießen können.

Nachdem die Früchte seiner Bemühungen sichtbar
werden, befördert ihn die Vierteljahrsconferenz, nach
gebührender Prüfung, vorsichtig durch einen Local-
prediger-Erlaubnißschein und erweitert somit die Thüre.
Hier ist jetzt der h ö c h s t w a h r s c h e i n l i c h e, dennoch
aber nur der v e r m u t h l i c h e Prediger. Er ist indessen nur ein auf Probe gesetzter „Lernender". In
seinem Fortschritt liegt aber die freundliche Zusprache der
süßen Verheißung: „Wie deine Tage, so soll deine
Kraft sein!" „Sie sollen in Zion von einer Kraft zur
andern fortschreiten." Der Localprediger ist allgemein,
beides hinsichtlich seines Gebietes, wie auch seiner Er-

fahrung beschränkt; aber er wird so verseßt, daß er in beiden wachsen kann. Troßdem ist aber immer jeßt noch die Probe hervorragend.

Der untaugliche, zu keinerlei Hoffnungen berechtigende Probeprediger, wird durch das einfache Verfahren ausgeschieden, daß sein Erlaubnißschein unerneuert bleibt. Indem die schwierige Arbeit des Reisedienstes die treuen Arbeiter ausnußt und für die Reihen der jährlichen Conferenz endlich dienstunfähig macht, und ferner durch die Ausdehnung des Werks neue Arbeitsfelder entstehen, so werden die vacanten Stellen mit solchen Localpredigern beseßt, die nüßlich und fromm in den Reihen des Vorbereitungsdienstes ihre Prüfung bestanden haben. Wie viel Einer auch andre Schwesterkirchen liebt und Bigotterie haffen mag, so muß er doch, ungeachtet welcher kirchlichen Bennennung er angehört, die methodistisch-kirchliche Erziehung und den Fortschritt dieser Kirchen bewundern. Ein Kandidat, welcher zu dem leßteren Schritt der Amtsbeförderung vorgerückt ist, wird nun als Probeprediger im Reisedienst betrachtet.*)

---

*) Die Evangelische Gemeinschaft, welche auch die Einrichtung des Probedienstes hat, unterscheidet sich hierin in etwa von der hier dargelegten der Bischöflichen Methodistenkirche. Siehe Kirchenord. der Ev. Gem.

Drittes Kapitel.

Die Vorbereitungen des Probe-predigers.

1. An der Schwelle aller Vorberei=
tungen steht die Bekehrung. Es ist in
Einzelfällen möglich, daß Männer, die noch geheime
Sünder sind, ministerielle Handlungen verrichten und
den Hermelin des Amtes tragen. Sie können sich sogar
selbst mit falschen Einbildungen täuschen und eine Zeit
lang „fein laufen"; aber solche theologischen Ungeheuer,
die in solche Täuschungen eingehüllt sind, haben nur ein
kurzes Dasein. Entweder wird Erweckung und wahre
Bekehrung die guten Absichten eines eifrigen Kandidaten
bald belohnen, oder Unfruchtbarkeit ihn vernichten. Sich
vorstellen, daß Jemand ein guter Prediger sein kann,
der unbekehrt ist und ein natürliches, unerneuertes Herz
voll Feindschaft gegen Gott hat, ist so absurd, als daran
zu denken, die köstlichen Juwelen der Obhut eines aus=
gesprochenen Feindes anzuvertrauen. Aber, indem es die
Pflicht des Probepredigers ist, die Heerde Christi zu
weiden, die Sünder zu warnen, die Schwachen zu stärken

und die Sterbenden zu trösten, ist bloße Bekehrung durchaus nicht die ganze erforderliche ministerielle Ausrüstung. Er muß gerechtfertigt sein in der Erlösung, angenommen in der Kindschaft, wiedergeboren in seiner physischen, geistigen und gesellschaftlichen Natur und muß fortschreiten zur Vollkommenheit. — Er muß genug Wachsthum in der Gnade haben, daß er festgewurzelt werde unbeweglich und immer mehr zunehme in dem Werk des Herrn. Er sollte leuchten mit der Schönheit und dem Schmuck der Heiligung. Die christlichen Tugenden sollten bei ihm in jeder Bewegung, wenn sein Herz befragt wird, hell strahlen.

2. Natürliches Talent und geistige Vorbereitung sind nur weniger bedeutend als die Bekehrung. Ein unwissender Mann ist nicht wohl vorbreitet allen Phasen des Widerstandes zu begegnen; ebensowenig kann er eine so bedeutende Kraft als Seelsorger sein, wie der Mann mit gediegener Geistesbildung. Es ist selbstverständlich, daß ein Mann mit einem halben Verstande kein öffentlicher Religionslehrer sein kann. Zugegeben, daß „heilige Geistesreligion“ die höchste Befähigung ist, so ist sie doch nicht die einzige. In diesem Zeitalter, in welchem die Wunder aufgehört haben, und der Unglaube sich durch die Verdrehung der Wissenschaft verschanzt hat, ist eine geistige Vorbereitung und Ausbildung erforderlich. Unter dem Druck der Nothwendigkeit, angesichts der reifen Erntefelder, müssen allerdings in einzelnen Fällen, besonders in

Landdiſtrikten, Männer ausgeſandt werden, die nur die
einfachſten Anfangsgründe der Wiſſenſchaft inne haben.
In den Frontier-Conferenzen z. B. müſſen einige Männer
aufs Arbeitsfeld gehen, die ſelbſt mit den Anfangs-
gründen nur wenig bekannt ſind. Dieſen allen bietet
der vierjährige Lehrcurſus der Kirchenordnung in etwa
Erſatz. Aber dieſer Curſus allein würde immerhin noch
einige geiſtige Lücken laſſen, welche eine lernbegierige
Berührung mit Büchern und Schulen ausfüllen muß.
Dieſer ausgezeichnete Curſus iſt mehr theologiſch als
erzieheriſch.

3. Aber es möchte Jemand fragen: Sollte der
Prediger denn g e l e h r t ſein? Um dieſe Frage zu be-
antworten iſt es nicht nöthig, daß wir den fein gebildeten
M o ſ e s, welcher die Egypter zu Schanden machte, vom
Nebo herunter rufen. Wir dürfen auch nicht an den
Ufern des Euphrat den Todesſchlummer des glänzenden
D a n i e l unterbrechen, welcher ſogar in der Gefangen-
ſchaft Kraft hatte, Königen und Nationen in ihrer geiſtigen
Geburt beizuſtehen. Wir dürfen nicht in Rom die ſüße
Ruhe des gelehrteſten, einſtigen Märtyrers, des jetzt g e -
k r ö n t e n und verherrlichten P a u l u s ſtören, welcher
einſt mit den Ungläubigen ſeiner Zeit kämpfte und ſie
überwand. Noch dürfen wir Rechenſchaft geben, oder
Entſchuldigungen für die Ungelehrſamkeit der Apoſtel
und Propheten beibringen; denn ſie waren direkt vom
heiligen Geiſt in einem Zeitalter der Wunder erzogen.
Sie waren mit beſonderen Gnadengaben für beſondere

Pflichten erfüllt, sie waren mit Besserem ausgerüstet als Latein, Griechisch, Hebräisch oder Sanskrit. Sie hatten heiliges Oel; ihre Lippen waren inspirirt und berührt von den lebendigen Kohlen des himmlischen Altars; sie hatten pfingstfestlichen Athem und die Gabe himmlischer Zungen! Wenn irgend Jemand heute diese Gaben haben, und an die Thür der jährlichen Conferenz klopfen würde, gewährt ihm Einlaß! Laßt die Regeln unberücksichtigt, und laßt es ein Spezialfall sein; ordinirt ihn ohne Verzug und sendet ihn aus; denn ohne Tasche und Beutel und ohne Salär wird er den Teufel bekämpfen! Er wird sein Leben an himmlischen Brosamen fristen. Er wird die Volksmassen überzeugen und in Staunen versetzen und Hunderte taufen! Er wird Engel zu Dothan sehen und den Areopag gegen die Ungläubigen befestigen. Er wird Teufel austreiben, welche in menschlichen Gestalten, auf den moralischen Todtenäckern der Welt auf und nieder-gehen. Er wird himmlische Gesichte auf Patmos haben. Wird er ins Gefängniß geworfen werden, so wird er die Angeln von den Gefängnißthüren heruntersingen und wie Elias im Feuerwagen gen Himmel entfliehen!

Aber die Wunder haben aufgehört und das inspirirte heilige Buch ist vollendet. Heute ist der Prediger des Evangeliums angewiesen, diese mächtigen Gnadenmittel, welche bereits gegeben sind, zu verwenden. Er steht aber gewißlich nicht allein da. Die süße Stimme, welche ihm verheißt: „Siehe, ich bin bei Euch alle Tage;" spricht noch heute so auf Erden zu den wahren Knechten Gottes.

Warum ist denn heute für den Prediger des Evangeliums Gelehrsamkeit besonders wesentlich nothwendig?

a. Weil seine Arbeit auf einem Boden ist, welcher bereits vom Irrthum vor eingenommen ist. Seine Arbeit wird daher ein Streit mit den Mächten der Finsterniß sein und seine Aufgabe großentheils die „einer Stimme in der Wüste,“ welche ruft: „Bereitet dem Herrn den Weg!“ Martin Luther mußte gründlich mit den Wissenschaften und der Sprache der Mystiker bekannt sein, um als der Sprecher des Herrn zu bestehen gegen päbstliche Bullen und Anathemas, gegen politische Verwicklungen und Labyrinthe des Verderbens.

Der gelinde Melanchthon muß belesener sein als irgend ein Mönch, Priester oder listige Fürst, um das Wort Gottes zu retten. Es giebt Zeiten, in welchen boshafte Menschen die Quellen der Lebenswasser in ihrem Flusse hindern, wegleiten oder aufdämmen. Dann müssen die Treibpumpen der Wahrheit herbei, welche die Brunnquellen einerseits und die Tiefen des widerspenstigen Sünders andrerseits erreichen.

Laß Männer der Gelehrsamkeit die heilige Schrift gebrauchen. Laß Zwingli, Calvin, Knox und Wesley das Wort vortragen, geschmückt mit den Blumen der Beredsamkeit und in einer schönen Sprache, die Gott überall findet.

Die Philosophen in Indien und China sind heute nicht minder falsch, schlau und beharrlich, als zur Zeit,

da die Bücher der Veda geschrieben wurden. Die Juden
sind heute nicht minder bigott als zur Zeit, da sie Jesum
kreuzigten. Die Katholiken sind noch heute so intolerant
als zur Zeit, da Latimer und Ridley eilig durch
die Flammen der Scheiterhaufen, in jener Trübsal, zum
Himmel befördert wurden.

b. Gelehrsamkeit ist für den Prediger wesentlich
nothwendig, weil der Unglaube täglich, durch die Ver=
drehung der Wissenschaften, der Sprache und Geschichte
gestärkt wird. Der Prediger muß heute dem Unglauben
am Hofe des geistlichen Pharaoh begegnen, allwo er
boshafte Nachahmungen antrifft. Der Unglaube ge=
braucht die Wissenschaften, um die Sünde zu entschuldigen,
den Sünder zu verlehren und um gegen Gott zu streiten.
Wenn die ministeriellen Stäbe zu den Füßen Pharaoh's
in Schlangen verwandelt werden, thut der moderne Un=
glaube scheinbar dasselbe. Der Prediger muß weiter
bringen; Gott gebietet es, und dahin kann der Unglaube
nicht folgen! — Zeige alle zehn Plagen und die Welt
wird überzeugt sein! Männer von geistiger, sowohl als
von moralischer Kraft, und einer Sanftmuth, wie Moses
sie hatte, müssen dieses thun.

Andere Männer treten auf und leugnen die Gottheit
Christi. Sie gebrauchen die Sprache und den Theil der
Trugschlüsse der Logik als ihren Beweis. Man muß
ihnen wieder mit den Sprachen und der Bloßstellung
ihrer Trugschlüsse begegnen; dann, wenn Gott und die
Wahrheit dem Recht durch geschickte und gelehrte Männer

hinzugefügt werden, find diese Irrlehrer und ihre Anhän=
ger leicht niedergeworfen.

Noch andere Männer leugnen die ewige Verdammniß.
Sie gründen Schulen, ziehen Argumente und Gründe aus
den Classikern und citiren Griechisch und Lateinisch wie
Mönche. Der Prediger muß seine Argumente aus den=
selben Quellen schöpfen, oder die Sünder werden zur
Hölle gehen, und bis zum Moment ihrer Verdammniß
nicht inne werden, daß es eine Hölle gibt.

Wiederum finden wir, daß L a m a r d, Darwin und
die ganze Schule der Evolutionsanhänger und des Un=
glaubens um die Wissenschaft werben und darauf bringen,
daß sie mit dem Unglauben einen Ehebund eingehe. Sie
führen ihre Sache vorgeblich im Namen der Wissenschaft,
der alten, und besonders der neueren Sprachen. Man
gehe hinaus ins Feld und begegne ihnen mit derselben
Art von Kanonen, und mit Schwertern von gleicher
Länge, und sie werden niedergeworfen werden; denn
unser Schwert ist ein zweischneidiges und schärfer als
das ihrige.

c. Die gewöhnliche, allgemeine Sünde wird
schrecklich wissenschaftlich. Alle ihre Milderungen, wie
sie in den Höhlen der Sünde erörtert werden, verkündigt
man an den Straßenecken; oder in den Salons der
Profanität, oder es wird ihnen in dem zierlichen Gewande
der Wissenschaft geschmeichelt; oder sie werden, durch
falsche Berufungen auf die Classiker, bewiesen. Die
Geologie, Astronomie und Naturgeschichte sind alle ein=

gespannt, um die niedere Arbeit der Sünde zu verrichten. Uebersehen wir es nicht, es ist nur die **Verkehrung** dieser Wissenschaften, welche sie dem Unglauben vorüber= gehend dienstbar macht. Was aber soll die Kirche ange= sichts dieser Thatsachen thun? — Sie sende ein gebilde= tes Ministerium ins Feld; Prediger, welche fest auf den Stützen wissenschaftlicher und klassischer Wahrheit stehen, und sie vertheidigen können trotz allen Verkehrungen des Unglaubens! Laß die Verfechter der Kirche vermögend sein, auf demselben Boden, welchen der Irrthum sich anmaßt inne zu haben, die Wahrheit zu vertheidigen und zu befestigen!

„Weide meine Schafe," sagt Christus. Welche Schafe? Sind es die neunundneunzig in der Hürde? Ja, zum Theil. Aber das Hundertste ist gerade so werthvoll. Es wird mehr Arbeit und Mühe kosten, dieses Schaf von der Haide und aus der Wüste heimwärts zu bringen, es zu heilen und zu erneuern, als es erfordert die übrigen neunundneunzig zu versorgen. Hier ist vielleicht ein Wolf der Lehre, der es nahe beim Herzen gebissen, und dort es am Kopfe wund gerissen hat. Weide **alle** meine Schafe.

4. Excentricität muß von jedem Prediger gänzlich vermieden werden. „Wenn deine rechte Hand dich ärgert, haue sie ab und wirf sie von dir!" Ein Muster=Gesandte Jesu Christi darf es nicht zugeben, daß er künstliche Gebrechen nähre. Der Werth der Seelen würde betrübend außer Acht gelassen werden durch fehlerhafte Lehren und

Beispiele derjenigen, welche Seelen ins göttliche Leben
rufen sollen! Selbstverständlich sind einige Dinge ohne
Entschuldigung und unduldbar: als der Gebrauch des
Tabacks, gemeine Pöbelsprache, böses Temperament,
Falschheit, Egoismus, Betrieb eines weltlichen Neben=
geschäftes, gezwungene Manier auf der Kanzel, u. dgl.
Alle diese Fehler abzulegen und zu vermeiden, gehört zur
Vorbereitung zum Predigtamt. Ein Jünger sagte einst
zum Herrn: „Wir haben Alles verlassen und sind dir
nachgefolgt!" Dieses Abthun des Schädlichen ist jedem
Christen angemessen, aber im Falle eines Predigers ist es
gebieterisch erfordert. Wenn in der alten Mosaischen Ein=
richtung nur Diejenigen zum Priesterthum zugelassen wur=
den, die ohne Fehler waren, wie kann ein Evangeliums=
Priesterthum, in direkter Berührung mit dem Volke,
erfolgreich sein, wenn die Lehrer selbst mit verderblichen
Gewohnheiten und excentrischen Gebrechen behaftet sind?
— Absolut positive Fähigkeiten müssen jeden wirksamen
Probeprediger einnehmen und durchbringen. „Laß' vom
Uebel!" ist Abziehung, und „Lerne Gutes thun!" ist
segensreiches Hinzufügen. Die Pyramiden Egyptens,
die sich trotz der Schwere stattlich in die Höhe heben,
sind immer betrachtet worden als weit majestätischer und
bezaubernder, wie eine bloße Vertiefung in die Erde, von
gleichem Umfange es sein könnte. Denn die ersteren sind
eine positive Erhebung, und sind trotz dem Gesetz der
Schwere erzwungen; — die letztere ist nur eine Leere,
demselben Gesetz nachgebend. Weg mit solchen Predigt=

amts=Candidaten, deren Charakter eine umgekehrte Pyra=
mide der Leere ist!

5. Die christlichen Tugenden sollten von
jedem jungen Prediger bis zur Vollkommenheit entwickelt
werden. Laß uns dieses dadurch erklären, daß wir nur
einen Charakterzug namhaft machen: — Leutselig=
keit. Diese Eigenschaft ist nicht überströmender Redeer=
guß, nicht kriechende Schmeichelei, nicht formale Etiquette;
dennoch aber ist sie etwas Wirkliches, wovon diese ge=
nannten nur der widerliche Mißbrauch sind. Sie enthält
eine gute Erzogenheit und Angemessenheit ohne Affek=
tiererei oder Gezwungenheit. Sie führt mit sich vernünf=
tige Würde des Anstandes, vereinigt mit einer gewinnen=
den Anmuth, die niemals widrig ist. Sie enthält eine
Güte und Zärtlichkeit, welche den Wurm nicht ignorirt
und den Fürsten nicht beleidigt. Sie durchdringt die
Stimme, die Rede und die Gewohnheiten, und macht,
daß er „Prediger in allen Dingen für alle Menschen ist,“
und dieses ohne irgend welche sündhaften Kompromisse.
Wo Leutseligkeit ist, sind auch ihre Begleiter reichlich vor=
handen. Wie Longfellow von Kümmernissen sagt:
„Zuerst ein Fleck, dann ein Schatten, dann ein Geier, und
letztenblich ist die Luft verdunkelt von Geiern!“ So
ist's mit den Tugenden. Wenn Leutseligkeit weit
und tief im Innern ist, so werden alle andern christlichen
Tugenden sie begleiten und drängen und das ganze Leben
erfüllen. Süße und bittere Wasser fließen nicht aus
einer Quelle.

6. Ist eine Gattin ein wesentlich nothwendiges Gegenstück in der Vorbereitung eines Probepredigers? „Wie absurd die bloße Anspielung!" brummt Soto der hyperkritische Misanthrop, während er seine Hände wäscht, und seine in Gefahr sich befindenden Aermel einschlägt. Für manche Männer, die ihre gesellschaftliche Natur in einem glücklichen Gleichgewicht halten, ist dieses nur eine Frage der Klugheit. Für Andere, deren Betragen und flüssige Natur immer den Text betont, daß Gott das menschliche Geschlecht so erschaffen habe, „daß ein Männ-lein und ein Fräulein" sei, ist es verständig, wenn sie ihre häuslichen Begriffe auf eine Gehülfin vereinen und fest-setzen; d. h. eine Gehülfin „i n d e r A u s s i c h t." Denn der Ausführung, der gefaßten Heirathspläne, müssen folgerecht die Aussicht auf wirkliche „Brode und Fische und auf ein buchstäbliches Obdach vorausgehen."

Aber unsere Frage trägt noch eine andre Phase. Be-kanntlich sind unsere Tageszeitungen angefüllt mit ent-setzlichen Entwickelungen und Enthüllungen der Familien-gegensätze und Ehestandsschwierigkeiten, von Tausenden, von Männern und Frauen; — ist es daher unwahrschein-lich, daß Prediger, indem sie auch nur Menschen sind, hie und da unvorsichtig das Opfer derselben Thatsachen oder Dichtungen werden? Um dieses zu verhüten, laß sie weislich geschützt sein durch fromme häusliche Verbindun-gen, welche sie in etwa sicher stellen gegen das offene Feld gesellschaftlicher Gefahren. Mancher versuchte Bruder, welcher ernstlich betet: „Führe uns nicht in

Verſuchung!" mag gänzlich ſelbſt ſein eigenes Gebet
erhören und ein Leben führen, das von keinen ſcandalöſen
Gerüchten getrübt iſt; indem er „ſo lange bis der Tod
euch beide ſcheidet" ſich in die frieblichen Umgebungen
einer häuslichen Sicherheit begiebt.

Aber Einige mögen behaupten, daß „dem Reinen
Alles rein" iſt. — Gewißlich; vorausgeſetzt, daß der
Reine nicht unſchuldig darein willigt, daß er in einem
unbewußten Momente in den Sumpf geſellſchaftlicher
Unreinheit hinabgezogen werde. Es iſt ein Evangeliums=
Sprichwort, daß wir jeden Moment durch unſer fort=
währendes Wollen ſtehen oder fallen. Unterſtützt durch
unſern guten Verſtand und die freie Gnade, werden wir
allerdings, wenn wir wachſam ſind, dem Feinde wieder=
ſtehen.

Aber wie viel wir auch moraliſiren, bleibt es dennoch
eine bekannte Thatſache, daß zufällig ein thörichtes Weib
oder eine leichtſinnige Jungfrau, wohl nicht zur wahren
Kirche gehörend, aber doch in der Kirche wie das Unkraut
unter dem Weizen ſtehend, für viele verſprechende Prediger
leider ein Anſtoß werden. Wenn der Mohammedanis=
mus und Mormonismus die ſinnliche und phyſiſche
Natur ihrer Anhänger erfaſſen, und ihre Glaubenslehren
ſo einrichten, daß dieſe ſtarken oder ſchwachen Seiten der
menſchlichen Natur befriedigt werden, können Chriſten,
die dieſelben phyſiſchen und geſellſchaftlichen Naturen
haben, jedoch ein Evangelium predigen ſollen, welches
die Werke des Fleiſches zerſtört und den Geiſt erhöht,

nicht verstehen lernen, wie furchtbar ihre Aufgabe ist, indem sie sowohl durch Lehre wie durch Beispiel das Evangelium der Unschädlichkeit in diesem Punkte einer Welt verkündigen müssen, die voll von solchen Menschen ist? — Daher beantworten wir die alte Frage dieses Paragraphen so: Einigen Kandidaten mag eine Gattin Vorerforderniß sein, andern im Gegentheil nicht. Die Anweisung der Kirchenordnung ist auch in diesem Punkte sehr weislich indem sie eine zu frühe Verehelichung nicht begünstigt.

„Geist der Wahrheit, Geist der ew'gen Liebe,
Den der Herr den Jüngern gab,
Läutre jeden unf'rer Triebe,
Geist der ew'gen Liebe,
Geist des Herrn, o komm zu uns herab!

Geist der ew'gen Liebe, Geist der Wahrheit,
Nebel hüllt des Menschen Pfad;
Führ' uns stets in Deiner Sonnenklarheit!
Geist der ew'gen Wahrheit,
Geist des Herrn, o sei uns Licht und Rath!

Geist der ew'gen Liebe, sei uns Licht und Rath!
Unsers Herzens Tugendquelle,
Trüben Sinnenlust und Schmerz,
Leidenschaft treibt Well' auf Welle,
O erhelle,
Geist des Herrn, erhell' und weihe unser Herz!"

Viertes Kapitel.

Welches sind die Vorerfordernisse eines Probepredigers im Dienst?

1. **Sanfte, innige Frömmigkeit.** Wenn versenkt in die tiefsten Gründe der Natur, entdecken wir eine heilige Ehrfurcht gegen Gott; es ist der erste Kern oder Keim eines Princips, welches die Hoffnung einer bestimmten moralischen Individualität anregen oder inspiriren mag. Ein natürlicher Mensch, welcher nach der Willkür des Teufels gefangen geführt wird, ist nur eine kriechende Schmarotzerpflanze; ein niedres Insekt, welches das Blut eines Dämons saugt. Aber ein, in der Gnade freier, Mensch hat einen Willen, welcher sich aufwärts zu Gott schwingt, und zwar in einer steten, moralischen Erhabenheit, wie wir sie bei den alten Märtyrern wahrnehmen. Ein starker theologischer Pfeiler kann nicht aus dem Samen eines ephemerischen Pilz gezogen werden. Die erste Festigkeit die in einem Manne zuverlässig ist und werth des Vertrauens großer Verantwortlichkeit, ist ein Charakter unbeweglich und stark durch den Glauben und einen göttlichen Wandel. Wahre Frömmigkeit hat

keine bittere Fälschung, sondern ist eine ungegohrene
Süßigkeit, welche sowohl der Prüfung eines Sünders
wie eines Heiligen angenehm ist. Eine unrechte Fröm=
migkeit, die im Essig eines prahlerischen Bekenntnisses
eingesäuert ist, ist schon im bloßen Schaum ihrer Ober=
fläche mißfällig. Wahre Frömmigkeit prahlt nicht mit
ihren Perlen, wo Säue einen Schlamm schon vor ein=
genommen haben, um sich darin zu wälzen. Wahre
Frömmigkeit wird von den Beobachtern an den gleichmäßi=
gen Handlungen der Sanftmuth, Demuth, Harmlosigkeit
und Wohlthäthigkeit erkannt. Ein Prediger kann seine
Frömmigkeit auch zufällig, aber dennoch klar, in der
Wahl seiner Texte erkennen; sowie auch in dem religiösen
Gehalt und der moralischen Besonnenheit, in deren Be=
handlung und in dem wesentlichen Inhalt der gött=
lichen Botschaft, welche er dem Volke übermittelt. Es
ist besser, daß er unbewußt sein Gebetskämmerlein offen=
bart als seine Studirstube. Ein bloßes Bekenntniß von
Frömmigkeit ist tadelnswerth, wenn das Leben befleckt
und nicht mit dem Bekenntnisse übereinstimmend ist.

2. Tägliches Bibelstudium. Um Christum
recht zu predigen, kann der Prediger seine Inspiration
nicht ohne Gefahr aus Webster, Burke, Shake=
speare, Schiller und Goethe ziehen. Er kann
seine Botschaft nicht einmal von Bunyan, Wesley
oder Luther hernehmen. Die Bibel muß seine
große Quelle sein. Sie muß täglich studirt werden; er
muß in sie verliebt sein; er muß ihren Geist einsaugen;

er muß durchdrungen sein von ihrer Schönheit; er muß auf ihrer Lehre fest gegründet stehen. So lange er eine Leuchte für seinen Fuß nöthig hat, muß er ihre Blätter immer wieder durchgehen: ein Mal in direkter Aufeinanderfolge der Kapitel, ein anderes Mal wieder sie nach Gegenständen und Themata lesen. Seine Seele sollte in ihre Verheißungen und Prophezeihungen hinauf versetzt werden, bis er mit Entzücken ausruft: „Hier ist gut sein, laßt uns hier Hütten bauen!" Hier muß er seine meiste Kraft hernehmen; hier muß er aus dem Zeughause sein zweischneidiges Schwert auswählen. Der wahre Prediger betrachtet seine Bibel als unfehlbar; wenn er sie aber bezweifelt, überliefert er sein Schwert freiwillig, und sein versuchter Waffengang gegen den Feind wird für immer erfolglos sein. Die Bibel ist nicht nur für den Gottesdienst auf der Kanzel, sondern auch für den Privatgebrauch und zum Troste des Predigers geeignet. Sie ist ein unumgänglich nothwendiges Theil seiner Ausrüstung; nicht zu seiner äußeren Verschönerung, sondern, daß sie von ihm verdaut werde und in seiner sittlichen Persönlichkeit sich verkörpere.

3. Die Conferenzstudien. Die Weisheit der Väter in der großen Kunst des Aufbaues der streitenden Kirche ist hierin wohl bestätigt, daß die Kirche von ihren Arbeitern ein gründliches Bemeistern dieses vierjährigen Studienkursus verlangt. Der Kursus, wie er von Zeit zu Zeit revidirt wird, ist vortrefflich für die verschiedenen Stufen der wachsenden Ansprüche der Kanzel-

arbeit geeignet. Es ist wahr, die Bibel ist ein genügen=
der Führer; aber indem ihre Auslegungen in den Händen
des beschränkten Verstandes, besonders in den Händen
junger, unerfahrener Exegeten leiden können, so sind diese
Führer und Anleitungen zu einer rechtgläubigen Aus=
legung sehr schätzbar.

Die Warnungen unserer kirchlichen Oberaufseher,
und die zweckdienliche Auswahl der Studien in diesem
Kursus, wie sie von Zeit zu Zeit gemacht werden, sind
unschätzbar; um die Einigkeit im Geiste, die Gleich=
förmigkeit der Lehre und Dieselbigkeit der Auslegung zu
bewahren. Kein anderer Plan könnte die andernfalls
so gefährlich zunehmende Verschiedenheit harmoniren,
und zu gleicher Zeit die Individualität sicher bewahren.
Es ist daher von großer Bedeutung, daß der Probepredi=
ger diesen Kursus vollständig bemeistere. Nur zu oft
macht die Nachlässigkeit, auf den Grund hin, daß man zu
viele Arbeit habe, hier Entschuldigungen, indem man diese
Studien nur flüchtig durchgesehen, oder ganz versäumt hat.
Dennoch wird der Fleiß, welcher sich darauf legt, alle
Energie eines ganzen Lebens der e i n e n Aufgabe des
Predigens zu weihen, genügend Zeit erübrigen, um den
ganzen Kursus bis zum letzten Titel und Buchstaben zu
bemeistern, und dieses indem man frühe anfängt und
spät aufhört.

4. S e i n   n ä c h s t e s   E r f o r d e r n i ß   i s t   d i e
K i r c h e n o r d n u n g. Dieses kleine Buch der Lehre,
der Gebräuche und der Haushaltung ist eines Metho=

diften= und Evangelischen Predigers "multum in parvo."
Es ist eine Synopsis unserer idealen Kirche, geschildert
der Form nach um ausgefüllt und ausgeführt zu werden
im Leben und Thun unserer Gliederschaft im kirchlichen
Organismus. Die Kirchenordnung sollte nebst der
Bibel als des Probepredigers täglicher Gesellschafter be=
harrlich studirt werden.

Er sollte sie lieb haben und sich nach allen Formeln
und Anforderungen derselben ohne Kritik verhalten.
Sobald ein junger Mann der Kirchenordnung gegenüber
eine kritisirende Stimmung einnimmt, offenbart er da=
durch die Anzeichen einer anfangenden Insubordination;
welche, wenn nicht verhindert, in kirchliche Abtrünnigkeit,
oder lebenslängliche, kirchliche Bitterkeit und geschwächte
Nützlichkeit ausartet. Sowohl der Buchstabe wie der
Geist der Kirchenordnung sind der Annahme und getreuen
Ausführung würdig. Ihre Lehren sind die Lehren der
Bibel, ihre Formeln, Gebräuche und kirchlichen Haus=
haltungsregeln sind keine Offenbarungsfragen, sondern
sind aus dem Geiste und der Erfahrung der Väter
erwachsen und sind in vollkommener Harmonie mit der
heiligen Schrift. Traurig um einen Prediger, welcher
von seiner Kirche abweicht, und in gewagten Entfernungen
schreit, daß er sie, im Einklange mit seinem neuen und
jugendlichen Lichte reformiren will, und wenn ihm dieses
fehlschlägt, von der Kirche forttreibt, wie eine Fliege vom
Horn des Ochsen. Ein solcher ist dann verblendet von
der Albernheit eines „permanenten Ministeri=

ums" oder eines „freien Kirchenthums," und
treibt fort bis zum Aeußersten über die „Succession,"
die „Communion" und das „tausendjährige
Reich." Traurig, daß er so das Opfer eines wankel-
müthigen Antriebes ist, der ihn forttreibt bis zu einem
nutzlosen und unglücklichen Leben. „Unruhig wie Wasser
kannst du dich nicht auszeichnen!" Es ist gewöhnlich
das Zeichen eines unglücklichen Charakterdefekts, wenn
entweder Glieder oder Prediger von einer Kirche zur
andern gehen; es sei denn, es liegen triftige, durch die
Vorsehung bewirkte Gründe vor; wie z. B. wohnhaft
sein, wo die Kirche der eigenen Wahl nicht vertreten
ist u. dgl.

Ein gründliches Studium der Kirchenordnung wird
einen unerfahrenen Prediger in einem sichern und soliden
kirchlichen System ankern lassen; es wird sein Vertrauen
steigern und ihm behülflich sein, daß er ein, mit seinen
Brüdern in der ganzen Welt in Harmonie stehender,
Mitarbeiter sein kann.

Es ist ein gewisses Maß menschlicher Ungeschicktheit
und Unwissenheit in Anfängern, welche, wenn sichtbar gemacht, dem Gelächter, der Verachtung und dem Miß-
erfolge aussetzen. Der junge Prediger, mit einfach
geöffnetem Munde, würde kein Schauspiel sein, welches
durch die Muthmaßung seiner schweigenden Rede-
weisheit sicher überwältigen könnte, oder durch die An-
ziehung einer solchen Stellung bezaubern würde; wenn
kein erleuchtetes Gehirn hinter dem Munde, und kein

wünschenswerthes Herz mit geistlicher Kraft vorhanden
wäre. — Die Kirchenordnung wohl verbaut, wird Reife
und Fertigkeit fördern und die Ungeschicktheit aufheben und
gewisse Arten klarer, und wünschenswerther Kenntnisse
werden die Stelle der Unwissenheit einnehmen.

5. Muß der Kandidat, welcher ins
Predigtamt tritt, ein Bankconto, oder
irgend welche Neben=Einnahmsquellen
für Fälle schlechter Gesundheit oder
geringer Besoldung haben?

Soll er zwei Röcke haben oder eine Tasche zur Weg=
fahrt, oder Geld und Häuser, oder Ländereien? Muß
er den Besitztitel eines Landguts, oder einer Freistadt
haben? Mit einem Wort, wäre es für ihn besser, wenn
er auch nebenbei die beschwerliche Welt in einer Hand
tragen würde? Das Evangelium antwortet: Nein!
nichts von diesen Dingen! Es wäre besser für ihn, wenn
er sich bemühen würde, wie von diesen Dingen unbeschwert
zu bleiben. Wenn diese Besitzthümer ihm vor seinem
Ruf zum Predigtamte zugefallen sind, kann er als
Eigenthümer sie für immer außerhalb seiner Aufmerksam=
keit oder Sorge seiner natürlichen oder geschäftlichen
Entwickelung überlassen; vorausgesetzt, daß die Credit=
scheine nicht in den Schiebfächern seines Herzens versteckt
werden. Wenn ihm Reichthümer durch Vermächtnisse,
Erbschaft oder sonst ungesucht zufallen, ist es für einen
Prediger keine Sünde, wohl aber eine furchtbare Ver=
suchung. Er verfüge über seinen Besitz so, daß sein

Auge nicht von dessen Glanz geblendet werde, noch sein
Herz und seine Neigungen angezogen werden von dessen
Größe. Der Kandidat für den Himmel muß weder durch
die Gegenwart noch Abwesenheit des Goldes von seiner
heiligen Arbeit abgeschwenkt werden. Der Meister hatte
nicht wo sein Haupt hinzulegen. Männer in der Kirche
und im Staate haben von Christo das Aphorisma auf=
gegriffen: „Der Arbeiter ist seines Lohnes werth;" und
sie beurtheilen und vertheilen nach dieser Regel die Löhne
und Salärien im Verhältniß zur Arbeit. Genügend
Nahrung und Kleidung sind menschliche Bedürfnisse aber
ihr Ueberfluß oder auch nur ihr in reichlicher Fülle
Vorhandensein sind bei einem Prediger nur Zufälle. —
Dennoch wird auch menschlicher Lohn immer demjenigen
Prediger am besten zu Theil, welcher, frommgeweiht,
seine ganze Zeit seiner Amtsarbeit widmet. Todte Leute
erhalten keine Pension, so auch geistliche oder amtlich
todte Prediger nicht; und wenn sie auch im Collektiren
ihres Salärs so klug wären wie die Schlangen. Wenn
diese Pflicht bei ihnen auch das Hauptereigniß eines jeden
Vierteljahres ist, so leben sie gewöhnlich nur lange genug,
um ihre Thorheit noch ein zweites Jahr in demselben
Orte zu wiederholen.

Fünftes Kapitel.

Einige Dinge die ein Probeprediger vermeiden sollte.

1. Er soll vermeiden unsere Regeln zu verbessern. In staatlichen Angelegenheiten ist ein Mann von einundzwanzig Jahren wahlfähig. Für das Amt eines Repräsentanten ist er mit fünfundzwanzig und für das eines Senators mit dreißig Jahren wählbar. Der Staat erkennt in diesem Verfahren Wachsthum und Reife an.

So auch in der Kirche. Weise, gute und ehrwürdige Männer haben diese Regeln entworfen, welche Anfänger wohl in ehrerbietiger Hochachtung halten sollten. Es stand einst ein junger König an den Stufen des Herrscher=throns um Salomon in aller seiner Herrlichkeit nach=zufolgen; aber ach, er wählte sich mit jugendlichem Ungestüm ein Kabinet junger Männer, und saß unrühm=lich auf einem zertheilten und zerbrochenen Thron; er trug eine Krone von Dornen sein Leben lang und über=lieferte eine solche Krone seinen fürstlichen Nachfolgern. Wenn ein junger Mann seine Demuth verliert, und statt

ihrer sich Stolz und Egoismus aneignet, und anfängt
Heilmittel für vermeintliche Kirchenschäden zu verschreiben,
und versucht vermeintliche Fehler der Kirche auszubessern,
verletzt er offenbar den Anstand; er wird der Bescheiden=
heit widrig und würdigt sich verhältnißmäßig herab.
Unsre Regeln haben keinen Verfechter in dieser Richtung
nöthig; und wenn es der Fall wäre, so würde es mehr an=
gemessen sein, daß er aus den Reihen der Alten und
Verständigen hervorgehen sollte.   Außerdem können
junge Männer, welche aus jeder denkbaren Verschiedenheit
kirchlicher Erziehung, und von jeder Stufe der Gesellschaft
berufen werden, erwarten, daß der Ruf zum Predigtamt
sie mit Regeln und Anforderungen bekannt machen wird,
welche in Hinsicht auf ihr vergangenes Leben ihnen neu
und fremdartig vorkommen und einige ihnen sogar ver=
nunftwidrige Anforderungen zu sein scheinen.   Wie in
jedem andern Beruf, so müssen auch hier einige Pflichten
auf guten Glauben hin erfüllt werden, bis Einsicht und
Erfahrung später die Weisheit solcher Regeln offenbaren.
„So Jemand wird meinen Willen thun,
der wird inne werden, was diese Lehre ist!"
ist das Motto unserer geistlichen Heimath und steht
geschrieben über unserer Kirchthüre, und ist auch angemessen
über der Thüre einer jeden jährlichen Conferenz zu stehen.

2. Er muß vermeiden platte Pöbel=
sprache der verdorbenen Mode zu füh=
ren. Von derselben Natur sind auch Provinzialismen
und alle Unreinheiten der Sprache. „Laß eure Rede ja,

j a, und nein n e i n sein." Ein Prediger ist ein Lehrer
sowohl durch Beispiel als durch Unterricht. Seine
Sprache, die von einer reinen Quelle kommt, muß nicht
willkürlich durch schlechte Bildung und Fügung im Munde
verdorben werden, um ein verdorbenes Ohr anzuziehen.
Seine Sprache muß rein, würdevoll, wahr, frei von
übertriebenen Superlativen, und über Pöbelsprache und
Provinzialismen erhaben sein; sie muß schön sein, wie
goldene Aepfel in silbernen Schalen. Er soll ein reines
Muster für Kinder sein, und für Jedermann anziehend,
durch jegliches Freisein vom geringsten Anschein der Ver-
dorbenheit seiner Rede.

3. E r m u ß e s v e r m e i d e n e h r f u r c h t s-
l o s g e g e n h e i l i g e D i n g e z u s e i n. Solche
besudelnde Freiheit, welche geneigt ist, heilige Gegenstände und Lehrfragen in ein unheiliges und lächerliches
Gewand zu hüllen, führt dahin, beides den Mann und
seine Religion verächtlich zu machen. Wie blödsinnig
würde ein Mann erscheinen, welcher über die fremde Vor-
stellung seines, ihm bevorstehenden Todeskampfes lachen
würde! Wie viel besser aber ist ein Prediger, ob jung
oder alt, welcher Gelächter zu erregen sucht, indem er
heilige Dinge in verächtliche Beziehungen setzt. Menschliche Gesellschaft mag eine Versuchung zu diesen Unziem-
lichkeiten bieten, und eine natürliche fließende Verbindung von Heiterkeit mag unbewußt dazu führen, um so
mehr aber muß der Prediger des Evangeliums sich da-
gegen verwahren.

4. Er muß vermeiden einen bloß geist=
nährenden Vorleserstil der Predigt, für
ein herzliches Evangelium des heiligen
Geistes zu substituiren. Solches Substitut
kann nie das Evangelium ersetzen, welches fortwährend
die Unbußfertigen warnt, und die Gläubigen nährt und
tröstet. Literarische Vorlesungen können am entsprechen=
den Orte und zur entsprechenden Zeit unterhaltend und
nutzbringend sein; aber Seelen, die in tiefer Trübsal
jammern, sehnen sich nach geistlicher Nahrung und geist=
lichen Heilmitteln. Kranke verlangen Arznei; eine
kräftige Mahlzeit würde ihnen widrig und schädlich oder
gar für sie verhängnißvoll sein. Nun ist aber die Seele
krank und der große Arzt hat für ein Heilmittel von
Gilead gesorgt. Der Seelsorger muß aber keinen Irr=
thum in der Verschreibung desselben machen; noch darf
er versäumen, das Stärkemittel süßer Verheißungen und
göttlicher Tröstungen anzuwenden. Traurig für eine
Gemeinde, wenn der junge Prediger ihr das Wort des
Lebens vorenthält und ihr statt dessen die glänzenden und
flimmernden Aufsätze seiner literarischen Kenntnisse auf=
tischt! Traurig, daß er eher ein menschliches Schul=
diplom offenbart und zur Schau stellt, als den gekreuzig=
ten Christus! Die eherne Schlange auf der Holzstange
heilt nur wenn sie ein Typus von Christus am Kreuze
ist. Geheiligte Verstandeskräfte, mit allen möglichen
Verschönerungen und Hülfsmitteln der Bildung, und in
der That, das ganze Reich der Literatur kann und soll

dienstbar gemacht werden, um die frohe Botschaft des Evangeliums eindrucksvoll zu verkündigen. Aber die Botschaft selbst muß das Evangelium sein; während die Verstandeskräfte, die Bildung und die Literatur nur als einige Hülfsmittel gebraucht werden, um der Botschaft des Evangeliums Nachdruck zu verleihen. Das Sub= stituiren der Literatur für das Evangelium hat dahin geführt, daß bei einigen wahrhaft Religiösen die Literatur in Verachtung gerathen, und andrerseits, daß bei einigen Unreligiösen die Religion in Verachtung gekommen ist.

Der Gebrauch der Feder und des Manuscripts im Studirzimmer, um den Vortrag festzusetzen und ihm Schärfe und Kraft zu geben, soll nicht abgethan werden; aber die Seele des Predigers kann nicht wohl die Seelen der Zuhörer mit begeisternden Eindrücken erreichen, wenn er sich sichtbarlich mehr auf sein Manuscript als auf seinen Gegenstand und auf seinen Gott verläßt. Laß' das Manuscript, wenn der Prediger predigt, eine der unsichtbaren Quellen seiner Kraft werden. Er lege sein Manuscript zur Seite, und umgürte sich mit dem schönen Rock des Heils, wie er seine staubigen Werktagskleider auszieht und sich mit einem schönen reinlichen Gewande für die Kanzel und den Sonntag kleidet. Das blos buchstäbliche Lernen des Manuscripts im Einzelnen ist sclavisch, schwächend und gefährlich. Sein erlaubter Gebrauch ist, durch geistige Verdauung sich das Material desselben anzueignen, sich die Sätze, und auch in etwa

die Vortragsweise zu bilden, während die Seele des
Ganzen aus dem Geiste der Gelegenheit oder Umgebung,
und die Originalität aus einem wirklich temporären
Bemühen erwachsen muß.

5. Er muß vermeiden, zweifelhafte Leh=
ren und einzigartige Texte zu predigen.
„Jeschurun wurde fett und schlug aus,“ mag ein
Hauptgedanke für einen Text sein; aber der Ausspruch:
„Wie schwerlich wird ein Reicher ins Reich Gottes kom=
men,“ ist fast dasselbe Thema und ist weit besser und
einfacher in seinen Redefiguren. In gleichbedeutenden
Texten wähle er den wörtlich klarsten, einfachsten und
am meisten von Christus angefüllten. Mancher ehr=
süchtige, junge Mann, welcher von einer krankhaften
Strebegier getrieben wird, kann einen Theil seiner Ge=
meinde dadurch erschrecken und beleidigen, daß er irgend
eine neue und verwegene Lehre verkündigt, obgleich er sich
dadurch zu den freien Denkern und sogenannten modernen
fortschreitenden Auslegern der Wissenschaft und Offen=
barung hält. Es ist für einen jungen Prediger weit
besser, daß er streng orthodox sei und alle Kämpfe mit
dem Feinde auf so ungünstigem Boden vermeide. Die
Unerfahrenen können nicht ohne Gefahr auch nur „eine
Hand breit“ von der absoluten Wahrheit abweichen, um
mit irgend einer neuen populären Lieblingslehrfrage
zu tändeln. Eine Lüge, welche nahezu eine Wahrheit ist,
ist schwierig zu bekämpfen. Die sicherste Bahn ist die
gerade Mitte des Weges und am weitesten von Abgründen

an beiden Seiten entfernt. Der Dachfirstenbalken der
Wahrheit sollte lothrecht in unserem Zenith stehen, anstatt
des traufrinnenden Irrthums bloßen Hörensagens.

6. **Er muß vermeiden, eine Lebensgeschichte zu bilden, die undurchsichtig und
von unehrenhaftem Anschein ist.** Die Ge-
wohnheitssünden können Nachlässigkeit und Gemäch-
lichkeitsneigung sein; wenn Hingabe zur Pflicht und
manchmal zum Opfer Beherrschung fordern. Oder
das Gebrechen mag Aufschub sein, wo die Pünktlichkeit
nie compromitirt werden sollte. Oder die Versuchung
mag hochfahrende Formalität sein oder anmaßende
Ziererei gegen die Gesellschaft, wo nur Demuth angemessen ist. Gewöhnliche Schauspieler, welche Sclaven
der Nachahmung der Kleidung unter den Reichen und
Vermögenden sind, sind immer verächtliche Bewerber der
Mode. Ist es nöthig den Knecht des Herrn vor solchen
Sünden zu warnen?

Angenehme Liebe gegen Alle, gekrönt mit Demuth
und Bescheidenheit, würde gewißlich in dem Moment
ersterben, in welchem der Klatscherei erlaubt wird, daß
sie lieblose Gedanken in uns erzeuge; die Gedanken
würden bald zu lieblosen Worten und Handlungen ausarten, bis der ganze Umgang durch Mißtrauen und
Krittelei verbittert wäre. Deshalb sollten das Leben
und die Handlungen des Predigers so sein, daß sie das
Licht nicht scheuen brauchen.

7. Ueber alles Andre muß er ein un=
behutsames Betragen unter den Frauen
vermeiden. Männer aus allen Berufssphären kom=
men manchmal zum Fall, der mit Unvorsichtigkeit und
Thorheit anfing, und in Verbrechen und Schande endigte,
und dieses Alles nur eine Folge unvorsichtigen Betragens
gegen unvorsichtige Frauen. Obgleich die Prediger
durch ihre Beziehungen zu Familien besonders der Probe
in Betreff sittlicher Reinheit ausgesetzt sind, geben sie
doch weit seltener der verdorbenen Natur nach, daß sie
fallen. Indem sie jedoch die ausgesprochenen Repräsen=
tanten richtiger Moral und religiösen Beispiels sind,
werden ihre seltenen Vergehen in dieser Hinsicht mehr
ausgeschrieen und berüchtigt. Die Zunge des Schwätzers,
der Telegraph und die Tagespresse bringen solche Bro=
samen immer wieder und wieder mit krankhaftem Er=
götzen an die Oberfläche. Die für seinen Beruf daraus
erwachsende Schande ist in Gemäßheit erschreckend und
unheilvoll. Deshalb sollte der Probeprediger, besonders
wenn er unverehelicht ist, schon den Schein des Bösen in
dieser Hinsicht meiden. Wenn es eine Prüfung gibt, die
ganz besonders, vor allen andern für die Kirche, für die
Religion und das Opfer des betreffenden Falles, unheil=
voll ist, so ist es diese, wenn die Welt und das Fleisch
und der Satan sich verbinden, um das Vergehen eines
verbrecherisch unweislichen Predigers zurückzuschleudern.

Sechstes Kapitel.

Die besonderen Prüfungen des Probe- predigers.

1. Manchmal werden ihn Unerfahrenheit und Schwäche zur eigenen Kränkung mit seinen älteren und fähigeren Amtsbrüdern in Gegensatz stellen. Er fühlt die empfindliche Beschränkung seiner Niedrigkeit, und wird vom Gefühl seiner Unwürdigkeit und Niedrigkeit oder Geringfügigkeit überwältigt und sieht sich durch mißglückte Versuche bloßgestellt. Er zittert um die Arche Gottes, wenn er machtlos ist, sie sicher zu steuern. Er stolpert oftmals nach großer Anstrengung und Vorberei- tung. Er entdeckt häufig, daß seine Weisheit betrübend beschränkt ist, wenn er mit verwickelten Fragen der Kir- chenzucht zu thun gibt. Der Boden ist neu, die Unter- suchungen schwierig und der Ausgang des Ganzen ange- füllt mit Reibungen und vielleicht schädigend für sein Arbeitsfeld. Wenn ein junger Prediger in seine ersten schwierigen Lektionen dadurch hineingedrängt wird, daß eins oder das andere seiner Gemeindeglieder die Reihen der Kirche verläßt und sich dem Feinde zur Zerstörungs-

arbeit anschließt, ist es für ihn allerdings eine betrübende
Erfahrung.

2. Es ist Gefahr vorhanden, daß ein
glänzender Probeprediger durch Schmei=
chelei in gefährlichen Stolz gebracht
wird. Es ist in der That Keiner so stumpf, daß er nicht
irgend einen Schmeichler finden wird. Einige nehmen
an, daß selbst Lucifer durch Stolz gefallen ist.
Junge Männer sind mehr zu Lebhaftigkeit und Super=
lativen des Stils geneigt, wie auch zu blumenreicher
Ausdrucksweise und demonstrativer Beredsamkeit. Diese
Eigenschaften aber kitzeln das Ohr und fesseln das Volk.
Dann sind die Leute nicht immer weislich im Austheilen
ihrer Belobungen. Ihre Lobesäußerung mag warm und
sogar übertrieben sein, einem Prediger gegenüber, welchen
eine besonnene Kritik vielleicht nur einfach als verspre=
chend aber in keinem Falle als gereift bezeichnen würde,
wie er es innerhalb zwanzig Jahren werden mag. Die
jugendlich wallende Natur verschlingt diesen Köder des
Feindes, und wird gefangen und verdorben durch diese
schlecht angebrachte Schmeichelei. Das unmittelbare
Resultat ist eine starke Versuchung Gott aus den noth=
wendigen Triebkräften auszulassen, und das eigene Selbst
zu erheben. Das „Ich" steigt und Christus wird er=
niedrigt. Wenn dann die Kirche einen solchen Kandidaten
nicht voranschiebt und als den Riesen einer „Treibhaus=
Strebegier" ansieht, versauert er in Seele und Geist und
ein Anderer wird der Zahl der chronisch Mißvergnügten

hinzugefügt. Traurig mit einem solchen Schößling, welcher die Stärke seines eigenen Herzens überwächst!

3. Liberalismus ist eine andere besondere Prüfung beim Anfang des Predigtamts. Der Liberalismus hat das ganze Wesen mancher Christen schon gefangen genommen und bei Andern sich die Achtung erworben, und ist ein schreiendes Uebel. Er spricht vom „alten Glauben," „alten Irrthümern," „buchstäblicher Construktion," „nebelhaften Theorien" u. s. w., und verweist frohlockend auf die „modernen Ansichten," „das verbesserte Licht," „wissenschaftliche Deduktionen," u. dgl.

Da mögen dann manchmal sogar die Auserwählten sich fürchten, angesichts der Beschuldigungen: „unwissend," „unwissenschaftlich" und „vernichtete Theorien" die Wahrheit zu vertheidigen. Es ist einer der schlauesten ad hominem Trugschlüsse, wenn ein Anfänger gezwungen wird zu fühlen, trotz der Ueberzeugungen der Wahrheit, daß die Anschuldigungen „hinter der Zeit zu sein" oder zu zögernd den neuesten Entdeckungen beizupflichten, ihnen zur eigenen Unpopularität aufgezwungen zu werden. Er ist in Gefahr, sich irgend einem kecken Ungläubigen zu überliefern, welcher ein paar oberflächliche, glatte Worte im Munde führt und auf seiner Wacht ist, gerade solche Kinder des Lichts sich als sein Opfer zu ersehen. Der andere Flügel der Ungläubigen, der s. g. „fortschreitenden Wissenschaft" ist weit mehr marktschreierisch und anspruchsvoll als der ruhige tiefe wissenschaftliche Forscher, welcher auf dem Feld der geoffenbarten Wahrheit ruht, welche mit der Wissenschaft gut übereinstimmt. Newton, welcher andächtig über den unbegrenzten Ocean der Wahrheit blickte, und nur einige von dessen Kieseln in der Hand hielt, war kein zur Schau stellender Forscher. Wenn der Rauch und die Feuerwerkerkunst des Unglaubens sich legen, bleiben die Denkmäler der Wahrheit in ihrer moralischen Erhabenheit immer noch unberührt stehen. — Die heißen Schlachten Napoleons unter dem Schatten der großen Pyramide verletzten jenen großen Felsenbau nicht. So der junge Prediger, welcher erfüllt ist vom wahren Glauben an Gott und seine Bibel, ist Einer von jener Schaar der Unbesiegbaren, von deren Verbindung gesagt ist: „Die Pforten der Hölle sollen sie nicht überwältigen."

„Der Geist des Herrn gibt Muth den Blöden;
Den Kämpfenden das Himmelreich;
Einfältigen — Gewalt zu reden,
Mit Blitzesgluth den Engeln gleich.
Wo er durchhaucht der Diener Gottes Leben
Da sieht man Heil'ge jauchzen, Sünder beben!"

Siebentes Kapitel.

Einige der beſonderen Freuden des Probepredigers.

1. **Er erfreut ſich eines verhältniß=
mäßigen Freiſeins von Verantwortlich=
keit.** Die kirchliche Einrichtung iſt ein ſchönes Syſtem
verſchiedener Theile. In ihrer Anweiſung kommen die Ver=
antwortlichkeiten mit den Jahren. Wie Deine Tage, ſo
ſoll Deine Kraft ſein. Eltern kennen wohl aus Erfah=
rung die Nächte der Schlafloſigkeit, und die Tage der
Wachſamkeit, wo Nahrung, Kleidung, Arznei und gute
Sittenlehren für eine ſich mehrende Familie müſſen be=
ſchafft werden. In unſerer kirchlichen Haushaltung ſind
Probeprediger Söhne des Evangeliums. Die ernſteren
Prüfungen vorſichtiger Haushaltung, die Vorkehrungen
für größere kirchliche Unternehmungen, die Ungewißheit
in zehn Tauſend localen Kämpfen, beides zeitlicher und
geiſtlicher Natur; alles dieſes wird hauptſächlich dem ge=
reifteren Verſtande zur Entwerfung und zur Durch=
führung überlaſſen. Die freudenreichere Seite des
Chriſtenthums iſt deshalb freier und mehr zu ihrer Auf=
munterung und ihrem Wachsthum geeignet. „Daß
unſere Söhne in ihrer Jugend aufwachſen wie Pflanzen.“

2. **Als zweite Freude nennen wir den klar wahrnehmbaren eigenen Fortschritt und persönliches Wachsthum.** Diese zwei oder vier Jahre, welche er den Conferenzstudien widmet, sind dazu angethan, menschliche Zweifel aufzuhellen, das Verständniß zu stärken, Beweisgründe zu sammeln, die Kräfte zu vermehren, in der Standhaftigkeit zu gründen. Immer sich mehrende Triumphe sichtbar werden zu lassen, und des Probepredigers Amtsführung mit der Bekehrung vieler Seelen zu besiegeln. In Erwägung dieser innerlichen und äußerlichen Errungenschaften muß der junge Prediger fühlen, daß mit dem Fortschreiten seiner Berufsarbeiten er selbst wächst und gefördert wird. So wird das Mannesalter in Christo bis zu dem Maße „des vollen Getreides in der Aehre" erreicht.

3. **Es muß ihm eine besondere Freude gewähren, Zeuge des für ihn neuen und anziehenden Schauspiels des Einflusses und Fortschritts der Kirche zu sein.** Die ganze streitende Kirche ist wie eine moralische Corliß-Dampfmaschine, welche von einer Allkraft getrieben wird.

Der Methodistenkirche und Evangelischen Gemeinschaft als Zweigen der allgemeinen Kirche sind keine anderen an Errungenschaften im großen unaufhörlichen Kampfe überlegen, sondern im günstigsten Falle höchstens nur gleich. Ein alter Veteran freut sich des Sieges, wenn ihm auch die Siegeslieder schon bekannt und eintönig sein mögen. Aber einem jungen Soldaten, welcher noch einiges Herzklopfen der Ungewißheit empfindet, giebt die neue Siegesaufwallung ein neues Hochgefühl. Die Poesie seiner Religion wird nun ganz besonders dazu gestimmt, zu singen und zu spielen in seinem Herzen.

4. Er erfreut sich ferner in der Aussicht seines Berufs, besonders wenn verglichen mit den jüngst durchlebten Kämpfen, welche ihn versuchten in andere und weltliche Berufszweige zu treten. „Selig ist, wer überwindet." Er ist ein Ueberwinder. Vielleicht gibt es nur wenige Prediger, die nicht einen Kampf mit dem Teufel und mit sich selbst über ihren Beruf durchgemacht haben. Der Erzfeind sagt: Du würdest besser eine einträgliche weltliche Beschäftigung aufnehmen, so daß Du zu diesen Steinen sagen kannst, daß sie Brod werden müssen. Und wiederum führt ihn der Feind auf die Bergesspitze der Einbildung, wo alle versprechenden Berufsarten im schönsten Staat vorübergeführt werden; sie sind bedeckt mit Blumen und glänzen wie Gold und werden in Lobreden bis zum Himmel erhoben. Und er flüstert ihm in's Ohr: „Dieses Alles will ich Dir geben, so Du niederfällst und mich anbetest!"

Noch einmal nimmt ihn der Feind auf den Gipfel des Graduirungstages und mit der Volksmasse schenkt er ihm einen Blumenstrauß, während er sagt: Deine Er-

rungenschaften und Fähigkeiten sind einfach wunderbar!
Du kannst einen Beruf nach Belieben wählen, laß uns
eine Probe Deiner bewunderungswürdigen Fähigkeiten
sofort vornehmen. Laß Dich hinab in's Thal der Popularität, gib Dich der Unmäßigkeit und andern offenbaren
Lastern hin, denn er wird dem Engel Deiner Bestimmung
die Wacht über Dich geben!

Der junge Prediger, der nunmehr auf seinem Wege
vorangeschritten ist, erinnert sich noch wohl dieser schlauen
Reden des Satans. Ein paar Jahre haben ihre teuf-
lische Täuschung bewiesen und ihre gefährlichen Versuchungen und Anziehungen bloßgestellt. Dieselben
paar Jahre haben auch solche erfreuliche Verwirklichun-
gen der weisen Berufswahl gebracht, daß lautre Freude
dem also entronnenen Knechte Gottes Glück wünscht.

5. Treue ist das allbedeutende Erfor-
derniß. Laß Treue im persönlichen Leben und Streben hervortreten; laß sie alle Hülfsmittel, beides objek-
tive und subjektive, menschliche und göttliche ergreifen;
laß sie das eifrige Wesen und Sein durchbringen, bis
Leben und Thaten über dem Geräusch des jetzigen Lebens
hervortönen: „Dieses Eine thue ich!"

Die zwei Jahre sind bald vorüber; Treue und Berufs-
hingabe haben die Scheuern mit geistlichen Ernten angefüllt, und der Probeprediger, ein völliger und erprobter
Mann, von der Kirche eingeladen, wird ein vollständiger
Reiseprediger.

Zweiter Theil.

Der Reisedienst.

„Gehet hin in alle Welt
und lehret alle Völker!"

Jesus.

Gehet hin, ihr Friedensboten,
Gehet hin in jedes Land!
Ruft zum Leben alle Todten,
Dazu seid ihr ausgesandt,
Und berufen zu verkünden,
Den Erretter von den Sünden.

An euch kam zuerst sein Rufen,
Jesus rief euch: Folgt mir nach!
Und ihr folgtet ihm durch Stufen
Auf der Bahn, die er euch brach.
Darum sollt ihr euch bemühen,
Seelen Jesu nachzuziehen!

Ruft mit freudevollem Munde,
Rufet es von Haus zu Haus!
Ruft zu aller Zeit und Stunde,
Ruft's auf allen Straßen aus:
Höret es, ihr Menschenkinder,
Jesus ist das Heil der Sünder!

v. Pfeil.

Erstes Kapitel.

Der Reiseprediger.

Ein Reiseprediger ist ein reisender Pilger. In unserem kirchlichen Haushalt ist er Einer unter Tausenden. Er wird nach Anlage und Umständen, würdig seinem Amte, auf den verschiedenen Arbeitsfeldern stationirt und mit kirchlicher Autorität betraut. Er hilft mit das große Ziel der Kirche zu erreichen, daß alle Stationen der Welt von der frohen Botschaft des Evangeliums erreicht werden mögen. Derjenige ist kein Reiseprediger, welcher im Gegensatz schon zum Namen sich in irgend einer gemüthlichen Heimstätte seßhaft macht, und sich müßig und bequem unter dem Namen eines Predigers um dieselbe herumbewegt. — Wir haben gesagt, daß er stationirt ist, und dennoch zieht er unaufhörlich umher und reist auf seinem besonderen Arbeitsfelde. Er hat diese Erhöhung dadurch erreicht, daß er dem vereinigten Rufe Gottes und der Kirche folgte. Er ist jetzt ein sehr bedeutender und verantwortlicher Faktor, der mithelfen soll, die ganze Welt zu Christo und dem Himmel zu führen. Sein Loos wird einst schrecklich sein, wenn er sich dieser frei-

willigen Verpflichtung entzieht. Er muß nicht aufhören
zu arbeiten, bis er seinen Evangeliumspflug mit dem
Feuerwagen vertauscht. Aber bis dorthin hängt das
Racheschwert mißbrauchter Verantwortlichkeiten stets
über seinem Haupte; zwar an einem sichern Faden, aber
doch der Möglichkeit unterworfen, von seinen eigenen
Handlungen durchschnitten zu werden.

Sich selbst, wie ein Moses in den Riß, zwischen einen
beleidigten Gott und einen beleidigenden Menschen zu
stellen; sich zu beeilen um das Umsichgreifen des Aus=
satzes der Sünde aufzuhalten, indem er oft bei dem be=
leidigten Erbarmer Fürsprache einlegt; mit den Sterben=
den durch's Schattenthal zu wandern, um ihren Glauben
und ihre Hände aufrecht zu erhalten, bis die Versetzung
in's Jenseits entsprechend vollendet und die Seele dem
Engel des Lebens und der Leib dem Engel des Todes
überliefert ist; Alles dieses und noch vieles Andere ist
wahrlich dazu angethan, den Reiseprediger zu veranlassen
unter dem Gewicht dieser Verantwortlichkeiten vor Gott
niederzufallen. Bloße menschliche Weisheit und Kraft
würde erschreckend ungenügend sein, wenn Christus nicht
wiederholt sagen würde: „Siehe ich bin bei euch alle
Tage bis an der Welt Ende." Aber die dritte jährliche
Conferenz ist vorüber; der Kandidat ist in volle ministe=
rielle Verbindung übergetreten; er hat sein Ordinations=
gelübde abgelegt, und es wird ihm nun ein neues Arbeits=
feld angewiesen. Jetzt laß' ihn arbeiten!

Zweites Kapitel.

Einige Verantwortlichkeiten des Reiseprebigers.

1. **Er muß die Heerde weiden.** Unter all' den verschiedenen Aufgaben, welche er in der ganzen Dauer seiner Arbeitsjahre im Leben von Zeit zu Zeit auf sich hat, ist auch die, daß er der Seelsorger von durchschnittlich einigen hundert Seelen ist; oft aber wird diese Anschlagszahl aber auch überstiegen. Diese sollen fortwährend mit gesunder und zuverlässiger Lehre, mit dem Worte und mit guter Gesellschaft versorgt werden. Er muß im vollen Sinne ein Hirte und Führer der Seelen sein. Unter diesen sind aber keine Zwei gleich. Sie unterscheiden sich von der armen Wittwe an, deren einzige Stütze unter den Trauerweiden des Friedhofs ruht, bis zum neulich aufgenommenen jungen Gliede der Sonntagsschule. Einige von ihnen sind von Weltsorgen gedrückt und haben eine Mischung von Mahnung, Warnung und Verheißung nöthig; einige, die ihr Leben nicht werth achten, sind von Trübsalen belastet; diesen muß zärtlich

das Heilmittel der Gnade verabreicht, und mit süßen
Tröstungen müssen sie genährt werden. Andere sind lau
und sorglos geworden, und müssen in dieser Gefahr auf=
geweckt und zurück in die Sicherheit gebracht werden.
Einige Lämmer sind unbewußt den Wölfen der falschen
Lehre ausgesetzt und müssen daher in der Hürde gehalten
werden bis sie erwachsen sind. Unter den Einflüssen der
Weisheit die von oben kommt, muß der Reiseprediger
seine Behandlungsweise abändern, um die Noth Aller
zu lindern und Alle zu retten. Dies ist nicht die beson=
dere Anstrengung eines Tages oder eines Jahres, sondern
der Arbeitsauftrag eines ganzen Lebens. Es ist wahr,
der treue Klaßführer und andere Beamten können und
müssen angeworben und harmonisch bethätigt sein, dem
Prediger beizustehen; aber auch der Rest der Arbeit
ist noch übermenschlich.

Die große Gesammtheit seiner Amtsarbeiten, wie sie
sich von der Wiege bis zum Grabe auf seinem Wege er=
strecken, muß als solche gebührende Dienstbeachtung er=
halten. Der blos professionelle Prediger, welcher sich
unversehends hineingedrängt hat, mag wohl über seine
Unvermögenheit erschrecken. Niemand außer einem
Manne des ernsten Gebets und eines großen Einflusses
bei Gott dem Allmächtigen hat ein Recht eine solche Ver=
antwortlichkeit auf sich zu nehmen.

2. Er muß Sünder zur Buße rufen
und dabei angetrieben sein von seiner
ganzen Kraft durch das Bewußtsein und

das Gefühl des Werths der Seelen. Der
Gedanke, daß seine Warnungsstimme im höchsten Falle
nur einige Tausende erreichen kann, während von einer
Generation zur andern hunderte Millionen in Unkennt=
niß des Evangeliums verloren gehen, ist eine wichtige
und ernste Erwägung. Ein Prediger des Evangeliums
muß einen Begriff von dem Werth der menschlichen
Seele haben; einen klaren Warnungsruf vor der Gefahr
den Unbekehrten zugehen lassen und ein lebhaftes Ideen=
bild von den Freuden des Himmels und den Qualen der
Hölle sich entwerfen können, ehe er sicher gehen und wirk=
sam sein kann. Er soll bei jeder Gelegenheit die Seelen
warnen und gewinnen. Er soll nicht, auf Gefahr seiner
eigenen ewigen Seligkeit, ein blos formaler Tröster sein.
Die Menschen geben sich auf's Feurigste ihrem gewöhn=
lichen weltlichen Berufe hin, so daß der Eifer in mercan=
tiler und geistiger Beschäftigung während der sechs Wochen=
tage, auch droht, den siebenten zu beanspruchen. Das
Gotteshaus aber bringt sie in eine Gemüthsstimmung,
wo ihr Weltsinn zum Stillstand kommt und die an sie
ergehende Mahnstimme sie verwundet. Noch andere
Tausende müssen erreicht werden, die ringsher um die
Kirchen sind und nie über deren Schwellen treten. Wie
können diese vortheilhaft beeinflußt werden? Ein freund=
liches Wort, ein frommes Leben, ein freundschaftlicher
Gruß, oder eine zweckentsprechende, besonnene Warnung,
mag den Wendepunkt wirksamer und geschickter erreichen,
als eine kräftige Predigt. Wahrlich, die Weisheit und

Geduld eines gesandten Christi, der Seelen gewinnt,
wird immer ein unbegränztes Arbeitsfeld finden. —

Aber wahrer Eifer muß nicht in unweislichen Fanatismus ausarten, denn dieses könnte gerade den Zweck,
der erwünscht wird, aufhalten oder vernichten. Es ist
nicht das höchste erwünschte Ziel der ministeriellen Laufbahn, daß ein Prediger sein Leben in einem glühenden
Enthusiasmus in zehn Jahren verzehre, wenn ihm eine
körperliche Constitution verliehen war, welche, wenn
weislich behandelt, sechzig Jahre dienstfähig gewesen
wäre. Die schwersten Ladungen, die gegen das Panzer-
schiff des Feindes geschossen werden, sind nicht die wirk-
samsten, um dasselbe zu zerstören; sondern diejenigen,
die genug Pulver enthalten, die Kugel zu schleudern,
daß sie durchdringt, dann wird der Riß am größten.
So sollte über der Schnelligkeit in des Predigers Arbeit,
die Schwungkraft nicht unnütz verschwendet werden,
sondern auch hier ist's geboten, Kraft zu reserviren.

Laß den Eifer durch Weisheit gemäßigt werden, so
daß Dienstunfähigkeit einem jungen Mann nicht unnö-
thiger Weise und verfrüht aufgezwungen werden muß.
Einige Arbeiten können vom Prediger verrichtet werden
ohne Gefahr, sein „irden Gefäß" auch nur im Geringsten
zu schädigen, z. B. indem Gott so nahe ist, ist nicht
nothwendig sehr anstrengend oder überlaut zu beten;
dennoch aber ist das Gebet eine merkwürdig kräftige
Uebung eines guten Mannes. Der Allmächtige offen-
baret seine Kraft auf eine wunderbare Weise zu Gunsten

seiner treuen Knechte. Der Prediger des Evangeliums
soll diese Macht anwenden, bis göttliche Erhörungen
und Antworten mit übernatürlichen Offenbarungen in
den Herzen der Sünder sein Bemühen krönen.

Das Werk, welches zur Rettung der Sünder dem
Sohne Gottes den Kreuzestod brachte, ist von überwäl=
tigender Bedeutung, und um dieses Werk zu vollenden,
sollen die Prediger des Evangeliums ihr ganzes Leben
dem Herrn widmen. Keine theilweise Anwerbung der Be=
mühungen und kein getheiltes Herz in der Entgegen=
nahme der Pflichtaufträge kann einem Propheten Gottes
genügen, welcher die Bedeutung der Seelen und der
Ewigkeit fühlt. Von der Zeit der Ablegung seines
Ordinationsgelübdes bis zur Ablegung der Rüstung
muß seine ganze Energie nach Leib, Seele und Geist in
der Arbeit seines heiligen Auftrags angestrengt werden,
um die Wunden der Erschlagenen in einer herrlichen
Auferstehung zu heilen.

3. Der Reiseprediger muß einen rech=
ten Missionsgeist haben, welcher seuf=
zend und verlangend bis an die Enden
der Erde hinaus geht. Un evangelische Prediger
haben noch nicht den einfachsten Pflichtbefehl: „Ver=
leugne Dich selbst!" befolgt. Kirchen, welche keinen
Missionsgeist haben, und deren Kräfte davon beansprucht
sind, die Ehre und Verherrlichung ihrer eigenen Ge=
meinden zu fördern, haben sicherlich noch nicht den
Geist des Meisters aufgefaßt, wenn er sagt: „Gehet

hin in alle Welt." Dieses ist die Breite und Länge des
Befehls. Wenn indessen ein Prediger dieses äußerst
katholische oder allgemeine Gebot so übersetzt, daß er nur
in den engen Schranken seiner eigenen Salär-Contri-
buenten einhergeht, so wird er dadurch nur eine religiös-
sentimentale Selbstsucht nähren und solche auch Andere
lehren. Ein selbstischer und heimathlich seßhafter Prediger ist wahrlich einem Sternfisch gleich, welcher auf
demselben Felsriff sitzen bleibt, auf dem er geboren
ward, und seine Saugarme so weit ausstreckt als sie reichen, und zwar nur zu dem Zwecke der eigenen Nahrungs-
beschaffung. Der Zug der Bewegung mag eine Leere
schaffen, und mag unachtsame Insekten anziehen; aber er
fährt nur fort zu existiren, blind, taub und sich des
großen alten Oceans ringsher unbewußt; so auch unwissend in Betreff der Opfer, welche auf dessen Felsriffen
und in dessen Tiefen umkommen.

Gott hat menschliche Mitwirkung angeordnet um die
Heiden zu erreichen und zu retten; und dieser Plan der
göttlichen Weisheit enthält für die Unterstützer des
Missionswerks unberechenbare, rückwirkende Segnungen.
Der Methodismus selbst, und die ihm verwandten
Kirchen sind Missionskinder. Das Blut der Erlösung
und das Blut der missionirenden Evangelisation ist in
ihren geistlichen Adern gemischt und wird in den Lungen
des kirchlichen Gebetsglaubens gottwärts gehaucht. Mit
den köstlichen Pflanzen der Bischöfe und Reiseprediger,
ist es die Aufgabe jeden Erdtheil bis zum Auferstehungs-

morgen zu verſchönen; mit ſich mehrenden Conferenzen
und ausdehnenden Miſſionen, mit kirchlichen Beiträgen,
die von Jahr zu Jahr ſich mehren, um die Arbeiter zu
unterſtützen und die Arbeitsfelder zu vergrößern, mit
Reiſeprebigern, als ausſchließlichen Agenten der Kirche, um
dieſe Fonds zu ſammeln, und durch Gebet und Predigt
unter ihren Leuten den Geiſt der Freigebigkeit zu
wecken und zu nähren, ſteht der Methodismus heute
in der allgemeinen Kirche als Zweig derſelben da, und
derjenige ſeiner Prediger, welcher nicht auf's eifrigſte be-
müht iſt, die weſentlichen Hülfsmittel zu vermehren,
damit der gewonnene Boden behauptet, und neuer Boden
gewonnen werde, iſt ein t o b t e r Prediger!

Außerdem, daß der Reiſeprediger ein ganzes und
lebendiges Opfer ſein ſoll um im Intereſſe der Seelenrettung zu wirken, wo immer er von der eigenen Conferenz
zu wirken angewieſen ſein mag, hat er auch noch einen
andern Contrakt freiwillig unternommen, welcher weiter
in ſeiner Tragweite des Glaubens und der Verheißung
des Lohnes iſt, als ſein h i e ſ i g e r Predigerberuf. Er
nimmt Theil an der Emporhebung der ganzen Menſchheit,
ſelbſt in den fernſten Heidenländern, bis ſie alle Chriſti
ſind; und er erwartet, daß der Himmel durch ſeine
Arbeit mehr bevölkert werde, und daß ſeine himmliſche
Krone, als eine Gabe der Vergeltung, dadurch einſt mehr
Sterne haben und glänzender ſein wird.

Des Reiſeprebigers Wirken, das Evangelium über
die ganze Erde verbreiten zu helfen, muß durch einen

heiligen Glauben getrieben sein; es vermehrt nicht direkt
seine Besoldung und seine Popularität; es ist „der Same
an alle Gewässer gesäet," der frei von Selbstsucht ist.

Die Welt kann kein wichtigeres Resultat des Glaubens
nennen, als eine Missionskirche, welche vom Anfang ihres
Bestehens, von gläubigen Beiträgen unterstützt und aus-
gedehnt wurde. Dieses ist der Schlüssel zu den, auf den
Reiseprediger und seine Gemeindeglieder wieder rück-
wirkenden Segnungen. Allerdings ist als die letztendliche
und die hauptsächlichste menschliche Mitwirkung der Beitrag der Kirchenmitglieder zu betrachten; aber der Prediger bleibt doch der wirksame finanzielle Vermittler
zwischen der Geldbörse des Gebers und der Sache der
Mission, in deren Interesse die Gaben gegeben werden.
Anderntheils ist das erste göttliche Wirkungsmittel das
Blut Christi mit der Vorsehung und der Gnade Gottes
des Vaters und der Kraft des heiligen Geistes, welcher
das Hülfsmittel wirksam macht.

Der ganze Missionsplan ist ein gegenseitiges vereinig-
tes Theilhaber-Geschäft. Das Scherflein der Wittwe
ist die höchste Zahl der Antheile, welche eine Person
nehmen kann; „denn sie legte Alles ein, was sie hatte."
Der Reiche, welcher viel einlegt, kann nicht mehr thun.
Auch ist hier keine Gefahr eines Vanderbilt-
Monopols der Antheile, indem es die relative
Quantität und das absolute Opfer ist, welches den Werth
eines Antheils bestimmt. Diese Einrichtung erhöht also
die Zahl der Theilhaber auf Hunderte, Tausende und

Millionen. Auch die Zahl der Reifeprediger als Mit-
betheiligte und wirkliche Agenten oder Geschäftsführer
zählt zu Tausenden und wird zu Hunderttausenden im
Laufe der Zeit anschwellen. Diese zusammen sammeln
einen großen Beitrag, aber jeder Beitrag hat seine blos
atomistische Identität und seinen Einzelwerth aufgegeben,
es ist Alles in eine Masse zusammengeflossen. An der
Spitze der Colonne sind die sämmtlichen Unterstützer;
weiter fort befinden sich ihre Beiträge, wie sie alle in
einen gesammten Strom zusammenfließen; noch weiter
fort befinden sich die Millionen Seelen, die von Götzen-
dienst und Sünde errettet sind; und endlich am Ziele sind
die Kronen des Frohlockens, wo die Geretteten und deren
Retter denselben Himmel bewohnen.

Dieses mag in etwa erklären, warum der Prediger
bei jeder jährlichen Conferenz einen öffentlichen Bericht
von seinen Missionscollekten und Beiträgen ·des ver-
flossenen Jahres geben muß. Die Anführung dieser
Thatsachen mag auch dazu dienen, die vernünftige Zweck-
mäßigkeit der Anforderung darzuthun, daß es für einen
Reiseprediger wesentlich nothwendig sei, einen wahren
Missionsgeist zu haben.

4. Als ein Seelsorger muß der Reiseprediger treu und einnehmend sein.
Die Kirche und die Welt ist aus Familien zusammengesetzt und die Welt aus Individuen. Die Familie ist selbst
eine untergeordnete Kirche. Indem der Prediger seine
große Gemeinde in ihre Häuslichkeit entläßt, muß er ihr

dorthin folgen und seinen Einfluß während der Woche
dort ausüben, oder besser: den Einfluß seiner Religion
und seines Gottes an jeden Familienheerd bringen.
Ein umsichtiger, beobachtender und liebenswürdiger Seel=
sorger tritt durch persönlichen Verkehr den Herzen seiner
Gemeindeglieder viel näher und gelangt mit mehr Sym=
pathie zu einer vollständigeren Kenntniß ihres Privat=
lebens. Durch dieses wechselseitige Band werden sie
mit ihm auch um so enger zum gemeinsamen Werk der
Seelenrettung verbunden. Ein Familiengebet, in welchem
er den Namen eines jeden Familiengliedes mit einer be=
sonderen Bitte verbindet, kann nicht verfehlen, in jedem
Herzen und Gedächtniß unauslöschliche Eindrücke zu
machen. Ein freundliches und zweckmäßiges Wort für
jeden, wird wie ein goldener Apfel in silberner Schale
sein. Es gibt auch ein Evangelium des Brotbrechens
mit einer Familie, wovon uns Jesus selbst ein Beispiel
gegeben hat. Er aß und trank sogar mit Zöllnern und
Sündern. Die soziale Sympathie, welche auf diese
Weise erzeugt wird, ist ein sicherer Weg zum Herzen. Im
Hausbesuchen macht ein Seelsorger die Entdeckung der
Eigenthümlichkeiten der Individuen, welche er dann nach=
träglich wirksamer und einsichtsvoller behandeln kann.
Es ist wahrscheinlicher, daß in der eigenen Häuslichkeit
die Lebensgeschichte jeder Einzelperson mit allen Lasten
und Kümmernissen, Versuchungen und allgemeinen An=
liegen sich ihm im Vertrauen erschließt als irgend sonst
wo. Wenn ein Arzt die Diagnose der Krankheit eines

jeben Patienten sorgsam unterschbiden muß, sollte der
Seelsorger sicherlich mit den Seelen, die von Sünde und
Satan verwundet sind, nichts Geringeres thun; dann
können auch die Heilmittel weislich verschrieben werden.
Dieses ist die besondere Gelegenheit für solche Untersuchun=
gen und Evangeliums = Verschreibungen. Ein Arzt,
welcher in ein angefülltes Hospital gerufen würde, in wel=
chem kaltes Fieber die einzige Krankheit wäre, könnte zwei=
felsohne von einer allgemeinen Lehrkanzel für Alle Quin=
quina predigen; aber solche Einförmigkeit der Krankheit
würde nur in der Einbildung existiren. So wird von der
Kanzel des Predigers ein ausschließliches Mittel gegen
die Sünde verkündigt, und der größte Theil der Zuhörer
sollte diese allgemeinen Vorschriften genügend finden;
aber die Modificationen und Verwicklungen, Zweifel und
Verfinsterungen sind so verschieden, wie die Individuali=
täten selbst; daher ist zu einer vollständigen Wirksamkeit
des Seelsorgers Umgang und Berührung mit seinen
Pflegebefohlenen in deren Häuslichkeiten, unumgänglich
nothwendig. Eine andere Amtsthätigkeit des Predigers
ist, die Kranken zu besuchen.

Krankheit ist nicht allein das allgemeine Vorkommniß
im Leben, sondern auch der allgemeine Vorläufer des
Todes. Ein großes Theil der Lebenstage, welche dem
Sterblichen auf Erden beschieden sind, muß er oft auf
dem Krankenbette zubringen. Während die Vorsehung
durch diese Züchtigung zu ihnen spricht, ist dem Seel=
sorger die zarteste und beste Gelegenheit geboten herzliche

Sympathie und göttliche Tröstungen zu übermitteln. Besonders, wenn der Pfad durchs Thal der Todesschatten führt, erreicht die Aufgabe des Seelsorgers die höchste Bedeutung; indem er christlichen Trost den Sterbenden bringt. Die Seele sammelt ihre ganzen Kräfte, wie sie sich der Ewigkeit nähert, und ist verlangend nach der Gesellschaft und den Trostesworten des treuen Gottes= knechtes. Und wenn zuletzt der Heimgang des einen Familiengliedes, die Herzen der Hinterbliebenen mit Trauer füllt dann wenden sie sich an ihn, als den näch= sten Repräsentanten, des Gottes alles Trostes, und als an denjenigen, der mit dem Schicksal des Hingeschiedenen am Besten bekannt ist. Wie ernstlich wandten sich Martha und Maria in ihrer Trauer an Christus! Wenn je eine heiligernste Pflicht segenbringend erfüllt werden kann, so ist es diese heilige Aufgabe des Predigers, wenn er die Todten bestattet und die Lebenden tröstet.

Wiederum werden durch diese Hausbesuche ganz be= sonders die Kinder, als die zartesten Pflanzen des Familiengartens, erreicht, und zwar so leicht und so nachhaltig wie auf keine andere Weise. Die öffentliche Versammlung ist nicht besonders die Gelegenheit für die Kinder, diese ist sogar oftmals so zusammengesetzt, daß die Gegenwart der Kinder ein Eindrängen zu sein scheint. Im Allgemeinen aber wird nur ein kleiner Theil der Kinder in den öffentlichen Gottesdienst gebracht. Es ist wahr, daß die Sonntagschule diesem Uebelstande theils abhilft; aber auch sie setzt den Prediger nicht in den Stand,

mit den Kindern genügend bekannt zu werden. Des
Predigers Besuch ist das beste und einfachste Mittel um
mit jedem schüchternen, kleinen Gliede der Familie bekannt
zu werden. Ist dies geschehen, so ist dann nachträglich
der Weg zu ihrem Herzen nicht schwierig oder langweilig.
Einmal dort eingekehrt, ist ein Einkehren des Herrn mit
seinen Jüngern, und so wird eine junge Seele leicht für
Christus gewonnen.

Die Kinder sind die wachsende Kirche des nächsten
Geschlechts. Sie alle sicher hereinzubringen und sie zu
starken Pfeilern in der Kirche zu machen, ist ein Werk,
dessen Fundamente jetzt gelegt werden müssen, indem
Besuche von Haus zu Haus gemacht werden. Aber auch
die elterliche Natur wird durch solche Freundlichkeit und
Beachtung der Kinder bewegt. Solche Achtung vor
einem Kinde legt fast die ehrwürdigen Worte Christi zu
seinen Jüngern, über die Verabreichung eines Bechers
kalten Wassers an den bedürftigen Nachfolger, auf die
Lippen der Eltern, daß sie die Verbindlichkeit bekennen:
„Was ihr gethan habt den Kleinsten unter meinen Brü=
dern, das habt ihr mir gethan!" Die elterliche Natur
wird auch auf diese Weise fester vereinigt.

5. Der Reiseprediger hat eine zu=
sammenhängende Verantwortlichkeit.
Diese ist zweifach: er hat eine Beziehung zu seinem
Vorgänger und zu seinem Nachfolger, um so den Einfluß
der ganzen Reihen= oder Aufeinanderfolge der Prediger
auf diesem besonderen Arbeitsfelde zu vereinigen und zu

vereinbaren. Zu diesem Behufe muß der Prediger auf
die Arbeiten seines Vorgängers mit wahrer Großherzig=
keit blicken und auch nur in diesem Geist davon reden,
und sogar, wo nothwendig, dieses mit Nachsicht thun.
Traurig genug daß manchmal Männer sich so weit
herabgewürdigt haben, daß sie ihre abwesenden Vor=
gänger kritisirt oder herabgesetzt, und auf eine muth=
maßende Weise, ihre eigene bessere Weisheit in Gegensatz
und zur Schau gestellt haben. Die Hohlheit eines
solchen unchristlichen Benehmens ist gewöhnlich offenbar
und rückwirkend in den Folgen. Als ein treuer Arbeiter
mit Andern an demselben Werke, ist der Reiseprediger
nur ein vorübergehender Pilger, dessen Pflicht es ist, im
Vorübergehen, neue Schichten von reinen polirten Stei=
nen auf den sich höher hebenden, unvollendeten geistlichen
Tempel zu legen, welche seine Vorgänger soweit auf dem
Felsen Christus erbaut haben. Dieses Denkmal des
Glaubens und der Werke ist das seine und das ihrige in
Gemeinschaft. Was immerhin ein vorheriger Amts=
bruder ausgeführt oder vollbracht hat, sollte ihm höflich
creditirt und öffentlich anerkannt werden. Auf diese
Weise können die besonderen Freundschaften, welche den
vorigen Seelsorger umgaben, ohne Reibung auf den
neuen übertragen werden, und die Arbeit bleibt trotz dem
Wechsel, ununterbrochen.

Eine gleiche Verbindlichkeit erstreckt sich auch auf
seinen Nachfolger. Es ist dem letzteren gegenüber nur
Pflicht, daß ihm eine gesunde und christlich kräftige Ge=

meinde überliefert werde, und daß diese Ueberlieferung
ein wahrer und klarer Bericht vom Zustand der Gemeinde
begleite, so daß ohne eine geistliche Lücke, oder einen
Mißton, die Arbeit von dem neuen Arbeiter aufgenommen
werden kann. Zu diesem Ende ist eine Synopsis nützlicher Informationen in Betreff des Wohnortes und Zustandes eines jeden Gliedes, zusammen mit statistischen
Angaben und Berichten und sorgfältig geschriebener
Notizbücher das geeignetste Ueberlieferungsmaterial; und
Manches läßt sich noch nebenbei, durch mündlichen
Bericht verständlicher übermitteln. Es ist durchaus nicht
nothwendig, daß der Prediger=Wechsel irgend welchen,
wirklichen Bruch in den Wirkungseinrichtungen und dem
Wirken eines Arbeitsfeldes machen. In dieser Beziehung
kann die Kirche aus einer Warnungsstimme der politi-
schen Welt Nutzen ziehen. Es hat Jener die Ansicht des
Volkes, oder wenigstens die Meinung der Politiker,
aber nicht die Stimme Gottes geäußert, als er sagte:
„Dem Sieger gehört die Beute!" Und es ist eine Thatsache, daß die Belohnung politischer Freunde immer gewesen ist, untergeordnete Aemter mit Neuangestellten zu
besetzen und die alten zu entlassen. In einer absoluten
Monarchie treibt der emporgekommene Despot die Anhänger des alten Besitzers in die Verborgenheit und so
viel, wie möglich, in Schande. In noch dunkleren Zeit-
altern suchte der emporgekommene Herrscher die Möglichkeit einer Rebellion oder Eindrängung dadurch ferne zu
halten, daß er die Vasallen und nächsten Verwandten

seines Vorgängers hinmorden ließ. Aber die Kirche ist
in diesen Beziehungen weiser und heiliger als die Welt.
Wenigstens weise und gute Prediger werden die Rath=
geber ihrer Vorgänger zu ihren eigenen Berathungen
willkommen heißen. — Klaßführer, Trustees und Ver=
walter können in ihren Amtslehen mit Einsicht und Vor=
theil belassen werden; es sei denn, daß wirkliche Gründe
das Gegentheil gebieten.

Zweitens hat der Reiseprediger eine zusammen=
hängende Verantwortlichkeit der Kirche gegenüber. Als
ein Organismus, welcher aus Theilen zusammengesetzt
ist, überträgt die Kirche die bedeutenden Funktionen
eines Haupttriebrads auf jeden Reiseprediger. Er ist
der einzige Agent aller unserer großen zusammenhängen=
den Interessen unter unsern Leuten. Er allein muß
unsre Bücher, Zeitschriften und Sonntagschulliteratur
einführen und verbreiten und alle unsre wohlthätigen und
finanziellen Unternehmungen erklären. Seine Anwei=
sungen und Erklärungen dieser Interessen, werden die=
selben, fast wie er es wünscht, anziehend oder abstoßend
machen. Es sind die ersten Symptome von Entzweiung
und kirchlichem Selbstmord, wenn ein Prediger diesen
großen Interessen gegenüber gleichgültig ist. Um unsre
Stärke zu erhalten und unsern Fortschritt als Kirche zu
sichern, muß die Sache der Mission, der Erziehung, der
kirchlichen Ausdehnung und andere Interessen loyal be=
trieben werden.

Um unsere Lehre unverfälscht und unsere Kinder loyal

und moralisch gesund zu erhalten, müssen unsre eigenen
Bücher und Zeitschriften verbreitet werden. Damit unsre
Sonntagschulen eine Macht werden, die nur sammelt und
nicht zerstreut, müssen unsre eigenen Bücher, Blätter und
Zeitschriften eingeführt und alle andern draußen gehalten
werden. Dieses ist angemessen, nicht allein, weil sie die
besten und billigsten sind, sondern sie allein helfen
d i r e k t unsre liebe Kirche ausbreiten, bauen und vereinigen. Die Substituirung der gedruckten Legionen,
die im Umlauf sind, und sich uns aufdrängen ist gerade
in soweit willkürliches Abziehen von unseren eigenen
Verlagsunternehmungen; und gerade soviel Gefahr zur
Entfremdung und zum geistlichen Verlust und für unsre
Leute, und gerade so viel Einwilligung zur Lockerung des
Baugrundes der Kirche, in deren Interesse jeder Prediger
freiwillig bei seiner Ordination das Gelübde der strengsten
Loyalität abgelegt hat.

Dieser Gegenstand von unserer kirchlichen Literatur
fordert von unsern Predigern mehr, als einen blos vorübergehenden Gedanken. — Es wird sogar von verschiedenen Sonntagschulbibliotheken behauptet, daß sie tadelhafte
und schädliche Bücher enthalten. Stelle eine persönliche
Untersuchung von so vielen Sonntagschulbibliotheken an,
wie dir beliebt, und das Resultat deiner Beobachtungen
wird dieses sein: Diejenigen Bibliotheken, welche aus
unsern eigenen kirchlichen Publikationen und Büchern zusammengesetzt sind, sind rein und gesund, während diejenigen, die großentheils aus a u ß e r kirchlichen Büchern

bestehen, mehr oder weniger unbedeutende, werthlose und
unverantwortliche Exemplare enthalten. Die Lehre ist
diese: Gründe und erweitere die Sonntagschul=Biblio=
theken mit Büchern unseres eigenen Verlags. Wiederum
sehen wir auf den Tischen vieler unserer Familien Zei=
tungen, weltlich politisch, local und manche vorgeblich
religiös; deren Weltlichkeit, Eitelkeit und Frivolität reich=
lich Ursache sind um Christus aus jedem solchen Hause
auszuschließen. In solchen Familien saugen sowohl
Eltern als Kinder unbewußt den Unglauben ein; und in
der That ist solches Gift vermögend irgend eine Seele zu
tödten. Andrerseits würde es schwierig sein, eine reinere,
gesundere und zuverlässigere Literatur zu finden als unsre
eigene kirchliche. Die Häuser, auf deren Tischen eine
oder mehrere unserer kirchlichen Zeitschriften zu finden
sind, werden sicher loyale und intelligente Familien er=
ziehen, und besitzen wenigstens e i n bedeutendes Gnaden=
mittel.

Indem nun unsre eigenen kirchlichen Zeitschriften so
gesund sind, und ihre außerkirchlichen Substitute so
schädlich, warum erlauben unsre Prediger unsern Leuten
je, es mit diesen Substituten zu wagen? Sogar wenn
andre religiöse Zeitschriften so gut wie die unsrigen unsre
kirchlichen Zeitschriften ersetzen, so ist es klar, daß deren
Unkenntniß von unsern kirchlichen Bewegungen auch
solche Unkenntniß und daraus erwachsende kirchliche Ent=
fremdung fördern würde.

Es ist daher die klare Pflicht des Predigers, darauf

zu bringen, daß jede Familie wenigstens eine oder mehrere
unserer kirchlichen Zeitschriften halte. Ein Laie war
einst sogar als Colporteur einer scheinbar religiösen Zei=
tung thätig, weil sie um etwa die Hälfte billiger war als
die kirchlichen Zeitschriften; als aber die eigentliche
Innenseite der billigen religiösen Zeitschrift untersucht
wurde, fand man, daß sie selbst als ein Geschenk, obgleich
noch von einer Prämie begleitet, verderblich sei. Ein
böser Verleger sagte einst: „Dieses Alles will ich Dir
geben, so Du niederfällst und mich anbetest!"

Ob die Kirche zu einer großartigen, fortschreitenden,
gediegenen, lebendigen Macht zu allen Zeiten soll ge=
macht werden, beruht großentheils auf der Erfüllung
dieser zusammenhängenden Verpflichtungen des Reisepre=
digers. In diesem wachsenden Glauben und Werk muß
er seine Leute unterrichten. In alten Zeiten hatte die
Sache des Evangeliums weniger Verehrer und Helfer
und Viele derselben verabreichten eine finanzielle Unter=
stützung, die ohne Anstrengung in ihrer Vermögenheit
war, und welche sie meinten, leicht entbehren oder ver=
lieren zu können. — Aber diese Zeit der Unwissenheit hat
Gott übersehen, z. B. in jener „guten alten Zeit" war
auf den großen Bezirken die Beisteuer unserer Glieder
zum Gehalte des Predigers nur 25 Cents bis zu einem
Dollar; und dieser Betrag erschien manchen noch ver=
schwenderisch. Heute aber haben unsre Stationen die
Gegenwart des Predigers und seine Wohnung in ihrer
Mitte. Er versorgt sie sonntäglich mit zwei Gottes=

diensten, er ist der erste Führer der Gebets= und Klaß=
versammlungen und wenn nöthig, auch der Sonntags=
schulen und ist bei der Hand zu jedem Extradienst und
Vorfall. Für diese, immer gegenwärtiger. Gnadenmittel
können unsere Kirchenglieder nunmehr leicht im Durch=
schnitt fünf Dollars beisteuern. Aber, indem Einige
nur das Scherflein der Wittwe besitzen, müssen Andre
wohl auch hie und da fünfzig Dollars bezahlen. In=
zwischen haben die großen vereinigten Unternehmungen
fast alle in diesem Geschlecht Gestalt gewonnen und ihre
Unterstützung fordert jährlich das Ansuchen und die Er=
klärungen des Predigers. Seine „Auslage" in die=
ser Beziehung trägt mehr als eine doppelte Beisteuer ein.
Aber um die Zwecke und die Bedeutung dieser kirchlichen
Unternehmungen zu zeigen, müssen die Prediger eine
gründliche Ueberzeugung in Herzen und Geldbörsen
hervorbringen und die Leute zu ihrer völligen erwidernden
Sympathie belehren. Die Väter sahen unter dem Ein=
flusse göttlicher Erleuchtung ein, daß durch die Mit=
wirkung unserer Kirche ein gedehntes und immer weiter
sich ausdehnendes Werk mit geöffneten Thüren zu schaf=
fen sei; nämlich, alle Länder zu evangelisiren und durch
die Predigt des Evangeliums sie zu erheben. Ihre Aus=
sicht war fast prophetisch! Wer immer sich mit christ=
lichem Hochgefühl in den Geist von Daniels prophetischem
Schaugesicht versenken kann, wo er von dem Steine
spricht, welcher ohne Hände vom Berg herabgerissen
ward, und welcher sich fortwälzte und die ganze Erde

erfüllte, der kann sich in etwa einen Begriff von der künftigen Herrlichkeit machen, welche großentheils durch die rührige Mitwirkung des Methodismus hervorgebracht worden ist.

Ein Prediger, welcher besonders vom rechten Missions= geist beseelt ist, mag zu seiner Ermuthigung erfreuliche Schaugesichte von der Kirche droben und der Kirche auf Erden haben. — Man entschuldige diese Missionsab= schweifung!

Es ist irgendwo ein Gemälde, welches wir schon hunderte Mal gesehen und bewundert haben. Es ist das königliche Schloß Windsor. Im niederen Vorder= grunde des Bildes arbeiten eine Anzahl Männer; jenseit ihres Arbeitsfeldes fließt ein Strom, über welchen einige von ihnen hinschauen, und jenseit des Stromes ist das eigentliche Bild. Der prächtige Palast mit seinen Boll= werken und Wächtern, seinen Thürmchen und Höfen, seinen Kuppeln, Spitzen und Zinnen, alles geschmückt im schönsten Glanze. Im Palaste sind Einwohner, die Kronen tragen und in Freuden leben, aber wir können sie nicht sehen. Der ganze Entwurf ist symetrisch und schön. Er stellt das Land des Sommers der Könige von Eng= land vor. Zu beiden Seiten des Stromes ist königliches Land; sowohl da, wo man im Felde arbeitet, als auch da, wo man im Palaste regiert. Am Ufer des Stromes ist ein Kahn, der die Arbeiter nach vollbrachtem Tage= werk nach ihren Heimstätten, jenseit des Stromes beför= dern soll. Dieses Gemälde ist nicht das Werk eines be=

rühmten Meisters, sondern dasjenige eines kleinen entstellten Krüppels, der nur achtundbreißig Zoll hoch war. Er nahm Unterrichtsstunden bei einem ausgezeichneten Künstler und vollendete dieses Bild; worauf Pinsel und Palette seinen Händen entfielen und er legte sich nieder um zu sterben. Er kreuzte den Strom und ging ein zum Palaste der Kronen.

Gestatten wir diesem Gemälde, daß es dem treuen Missionar einige schöne Wahrheiten andeute:

1. In seiner umfassenden Betrachtung deutet es uns die ganze ununterbrochene Kirche, beides die streitende und die triumphirende an. Es ist eine Kirche, beides irdisch und himmlisch mit einem Strome dazwischen. Wir lieben die Leiter, die Jakob in seinem Nachtgesichte sah, mit den Engeln Gottes auf- und niedersteigend, weil sie die äußersten Ende des Bildes vereinigt. Es deutet uns die vorangehende Kirche an. Wir lieben das Gebet Jesu: „Dein Reich komme!" Denn es bedeutet die fortschreitende Kirche. Wir lieben das Schaugesicht des Johannes, in welchem er die heilige Stadt, das neue Jerusalem sahe, wie sie aus dem Himmel von Gott herab kam. Denn dieses ist die Gottheit selbst, wie sie mit dem Menschen mitwirkt, um die Kirche Christi auszubreiten. Sie schließt in sich Himmel und Erde. Der himmlische Theil wird vermehrt durch die ermüdenden Arbeiter der Erde, und Gott erneuert den irdischen Theil durch ein Wunder seiner Gnade aus einem Material, welches von der Sünde verdorben ist. — Die oberen

Reihen haben Schönheit, Heimath, Glückseligkeit und
Liebe; die Arbeiter hienieden haben dieselben Lebensgüter,
obgleich nur in geringerem Grade; aber sie bilden und
gestalten der Aehnlichkeit der himmlischen nach. Der
König des Himmels liebt die Arbeiter auf dem Felde
nicht weniger als die jubelnden Sänger in den Wohnun=
gen. Diejenigen hienieden werden mit einer unendlichen
Liebe geliebt, und Diejenigen, die droben sind, können
mit keiner größeren geliebt werden. Der ausgetretene
Himmelsweg ist bedeckt mit herabschwebenden Engeln und
aufwärtsfahrenden Heiligen, und das allsehende Auge
Gottes schaut auf sie um alle gleich viel zu segnen. Der
obere Theil des Bildes ist herrlich und unsterblich, wäh=
rend der niedere Theil noch mehr von den Siegsgesängen
der Ueberwinder erzittert. Wir können nicht sagen, ob
die hoffnungsvollen Arbeiter hienieden, oder der jauchzende
Heilige, der gerade abgelöst zur Heimath schwebt, oder
die im Genuß der Herrlichkeit Lebenden die Glücklichsten
sind. — Gott ist um sie alle und sie sind wunderbar
gleich in ihren Gemüthsbewegungen und Aeußerungen:

> „Ein Theil des Heer's ist drüben schon,
> Ein andrer Theil folgt jetzt!“

Dies ist das Bild, welches im Universum zur Bewun=
derung der Engel ausgestellt ist. Es ist das vollkom=
menste Beispiel der Aesthetik, welches Gott je gemalt
hat. Es ist eine Einheit, deren niederer Saum bis in
die Thäler der Dornen, der Disteln und der Sünde

herabhängt, aber deren oberes Ende bis an die Wohnun=
gen des Lichts, die Musik des Himmels und die Zinnen
der Paläste der Unsterblichkeit reicht. Unser Telescop
läßt uns manche verborgene Herrlichkeit sehen, und der
Todesjordan, welcher dazwischen fließt, ist eine ernste Ab=
hebung des Bildes und eine gesegnete Schildwache, für
„die müden und beladenen Arbeiter, welche in's Jenseits
hinüber schauen.“ —

2. Der treue Seelsorger möge gestatten, daß die
Einzelheiten des Bildes ihm, die sich mehrende Glieder=
schaft, und die geographische Ausdehnung der Kirche an=
deuten. Dies ist Zion's Vergrößerung im generischen
Sinne. Laßt den heiligen Johannes sich abmühen, die
Seligen der triumphirenden Kirche zu zählen. „Er sah
zuerst vierundzwanzig Aeltesten, dann offene Thore, dann
ein hervorkommendes Gedränge, dann weithin sich aus=
dehnende Reihen, angethan mit weißen Kleidern,“ „ein
Hundert vierundvierzig;“ dann neue Ankömmlinge,
welche die Zahl so vermehrten, daß Niemand die Menge
zählen konnte, als ob alle irdischen Lagerversammlungen
ihre Zelte aufgeschlagen, und hätten dieses höhere
Alabama erreicht.

Aber des Predigers Arbeit ist gegenwärtig hauptsäch=
lich unter dem streitenden Theil der Kirche. Sie ist
übermenschlich in ihrer Ausdehnung! Gehe hin mit
Daniel und schaue die Steinbrüche in den Bergen an!
Hier ist ein Wunderwerk! Ein Stein wird aus dem Ge=
birge ohne Hände gehauen und er erfüllt die ganze Erde.

— Dann viele auf einem andern Berge, wo der Sohn
Gottes eine Bestellung ausgegeben, um mit seinen Jün=
gern zusammenzutreten, um an sie die Proclamation er=
gehen zu lassen: „Gehet hin in alle Welt und predigt
das Evangelium aller Creatur!" Dies sind die biblischen
Schimmer der Prophetie. Der Prediger des Evan=
geliums frohlockt über die übereinstimmende Erfüllung.
Zuerst sind nur elf Jünger, dann ein Pfingstfest, an
welchem dreitausend an einem Tage getauft werden;
dann ein Fortgehen von Jerusalem, und das Evangelium
wird auf meilenweite Entfernung vom mittelländischen
Meere ausgebreitet; es schimmerte mit einem sieben=
armigen Leuchter hinüber nach Kleinasien; es traf mit der
aufgehenden Sonne in Indien zusammen, es erweckte
und setzte die alten eingetrockneten Philosophen Athen's
auf dem Areopag in Staunen; es erschütterte die alten
Throne der Cäsaren, zerriß das Kaiserreich in kleine
Stücke und umfloß die Inseln des alten Britanniens, das
„ultima thula" der alten Welt, wie die warme Strö=
mung des Meeres es mit heiterem Leben und mit Wärme
umströmt. — Das dunkle Mittelalter konnte seine Aus=
breitung nicht aufhalten, und die Bannflüche des Vati=
kans die Segnungen des Himmels nicht hindern. Die
Kirche hat eine göttliche Schwungkraft und Elastizität,
daß sie die Berge überspringt und auf den Meeren wan=
delt als ob Jesus selbst darinnen wäre. Sie hat ein
Vertrauen und eine Macht, welche ihre Ernten auf den
Inseln einheimst, als ob Gott selbst die Sichel in der

Hand hielte. — Sie hat eine Kraft und Autorität,
welche die Festung jedes menschlichen „Ismus" zusam=
menstürzt und Sieg und Frieden verkündigt, als ob die
Völker der Erde im Blut des Bundes ihren Kampf führ=
ten. — Es ist eine merkwürdige Erfüllung der Gebets=
prüfung seitens des Allerhöchsten. Laß Tyndall
diese Herausforderung Gottes annehmen: „Heische von
mir, und ich will Dir die Heiden zum Erbe und die
äußersten Ende der Erde zu Deinem Besitz geben!"

Welch' eine Ausbreitung der Kirche! Ein Mensch ist
nicht vermögend, diese Ausbreitung genügend zu schildern.
Ein Engel selbst kann es nicht Alles sagen. Ueber vier=
hundert Millionen Seelen leuchten unter der Macht des
Evangeliums; während die übrigen Millionen der
Menschheit machtlos im Staub und in der Asche sitzen,
bis die reinigende Fluth über sie dahinströmt. Geo=
graphisch geredet, gibt es heute keine Wüste der Sünde
auf der ganzen Erde, die im Stande wäre, die Mächte
der Finsterniß in ihrem Chaos zu verbergen; denn die
Kirche drängt den Feind fortwährend zum Rückzug, und
wird so fortfahren, bis die Welt evangelisirt ist.

3. Aber die Ausführung dieses Gemäldes von einem
sterblichen Menschen, nur achtunddreißig Zoll hoch, ver=
krüppelt und am Sterben, deutet uns die menschlichen
und unvollkommenen Mittel an, welche Gott zur Aus=
breitung seiner Kirche gebraucht und segnet. Es ist
wahr, hinter dem Ganzen steht eine göttliche Kraft und
Weisheit, welche nicht ignorirt werden darf; aber Gott

verherrlicht sich selbst, indem er durch Menschen wirkt. Wie schwach ist doch der Mensch zu diesem Werke! Aber es ist die biblische Verfahrungsweise, die Mächtigen zu Schanden zu machen, und alle Ehre hinauf zu Gott zu bringen. Wir kennen keine stärkere Triebkraft in der Kirche als Schwäche und Armuth. Noth und Bedürfniß pressen die ganze Reihe entlang Thränen aus:

"Einst waren sie Betrübte hier,
Die weinend oft gefleht."

Das Bedürfniß treibt den armen Sterblichen zum Gnadenthron, und Bedürftigkeit ist es, was die Seele aus dem Körper preßt und des Fährmanns Ruder über den letzten Strom zur Fahrt bewegt.

Der Prediger ruft aus: Wehe mir! und der Laie äußert in seiner Klage, daß seine Tage wenig, und daß sie voll Kummer seien. Die ganze Kirche findet, daß mehr durch's Gebet ausgerichtet werden kann, als durch Tapferkeit in einem Petrus=Schwertkampf.

Einige Kirchenglieder sind geistliche Zwerge, wo sie Riesen sein sollten; andere sind so scheu wie die Antilope auf den Hügeln, da sie doch so stark und muthig sein sollten wie H e r k u l e s in der Fabel, der Löwen und Hydren überwand. Manche sind im Armenhause der Magerkeit, wo sie als Pensionäre durch die Gnade Gottes erhalten werden, die Millionäre sittlicher Kraft und Helden des Glaubens sein sollten; Manche sind noch von innewohnender Sünde verunstaltet, da sie doch Muster schöner Symetrie sein sollten; wieder Andere haben eine theilweise Religion, welche das Herz bewegt, aber nie die Tasche oder Geldbörse erreicht.   Der tapfere Achilles wurde in seiner Kindheit bei der Ferse gehalten und in ein Wasser getaucht, welches ihn nach dem Orakelspruche u n verwundbar machen würde.   Aber im trojanischen Kriege traf ihn ein Pfeil in seine Ferse, und es war der verwundbare Fleck, weil er von jenem wunderbaren Wasser nicht bespült worden war; — und Achilles starb. So gibt es viele Christen, die nicht einen Schuß in ihre Taschen überleben würden, denn es ist der verwundbare Fleck, weil sie an der Tasche und Geldbörse gehalten wurden, als man sie in den Wassern des Heils taufte.

Aber Gott gebraucht diese verunstaltete Kirche, um ihre eigenen Grenzen auszudehnen; daher muß der Prediger Muth fassen und arbeiten und Opfer bringen und Gott wird das Gedeihen geben.   Sowie der Knabe, der das Oelbild malte, seinen Pinsel fallen ließ und hinüberging, um seinen Lohn zu empfangen, so sind diejenigen, welche daran arbeiten die streitende Kirche zu verschönern und auszubreiten; — sie malen für die Ewigkeit.   Sie skizziren auf dem unteren Rande der Leinwand, wo sie selbst sind, die streitende und die triumphirende Kirche.   Wie sie den Malerpinsel fallen lassen, kommt der Fährmann mit seinem Nachen, um sie heimzuholen, in den Palast des Königs.   In dieser Aussicht kann der frohe treue Arbeiter und Seelsorger fortwirken und frohlocken!

Drittes Kapitel.

Einige der Hülfsmittel des Reiseprediges.

1. System in seiner Arbeit wird dieselbe weniger abschreckend und mehr wirksam machen. — Eigene Energie und Thätigkeiten sind entsprechende Gegenstände zur disciplinarischen Behandlung. Ein Prediger, als ein Werkzeug zur Erreichung der größesten Resultate, kann Arbeitsanlagen und Neigungen in gewisse verbesserte Kanäle eines Systems hineinzwängen und dadurch seinen möglichen Einfluß bedeutend vermehren. Dieses Gesetz erfordert eine weise und systematische Zuschußbewilligung von Zeit zu Zeit.

Der Zuschuß von Sauerstoff und wiedererlangter Kraft am Morgen, deutet klar an, daß diese Stunden zu geistiger Anstrengung und Arbeit ausgebeutet werden sollten. Der systematisch arbeitende Prediger hat seine entsprechende Zeit für jede Verrichtung. Eine Zeit zum Bibellesen, eine Zeit zu literarischen Studien, eine Zeit seine Vorträge zu bereiten, und eine Zeit zur persönlichen Erbauung. Ein ausgeschriebenes Programm der Tages-

arbeiten, im Studirzimmer aufgehängt, würde dem Gedächtnisse eine dankbare Hülfe sein. Pastoralbesuche sind
für Besucher und Besuchte passender des Nachmittags.

Aber Jedermann wird durch seine besonderen Local-
verhältnisse genöthigt sein, irgend ein gegebenes Programm
in etwa zu modificiren. Indessen sollten keine Verhältnisse frühes Aufstehen verhindern, oder lange Besuche entschuldigen. Systematische Einrichtung beschränkt sich
nicht auf Oertlichkeiten. Sie macht irgend eine Häuslichkeit musterhaft, eine Bibliothek nett und leicht zugänglich;
die Anordnung der Skizzen und Entwürfe natürlich und
interessant, und die Garderobe und Kleidung schön und
anziehend. Chaos war einst das Dilemma des Universums, und es scheint, als hätten manche Menschen heute
noch das Gelüste, eine Wiederholung jenes Zustandes in
ihren eigenen Angelegenheiten herbeizuwünschen. O, ihr
Verehrer der U r n a c h t , bleibt von der Kanzel fern!

Was manchen Leuten unentwirrbare Verworrenheit
war, und die Bemühungen einer Legion vereitelte, war
dem systematischen Verfahren eines N a p o l e o n unter-
würfig und leicht.

2. D e r R e i s e p r e d i g e r m u ß r e i c h a n
g e s u n d e m M e n s c h e n v e r s t a n d e s e i n.
„Seid klug wie die Schlangen, und ohne Falsch wie
die Tauben." — Es liegt eine tiefe Weisheit in einer
richtigen Mischung von Klugheit und Harmlosigkeit.
Niemand aber hat diese Mischung, mit ihren richtigen
Zusammensetzungstheilen mehr nöthig als der Prediger

des Evangeliums. Nichts als massives Talent
in einem Prediger, zarte Sympathie in einem
andern und Entschiedenheit des Charak=
ters in einem dritten, würde aus allen unpopuläre
Ungeheuer machen.

Die Fähigkeiten und Anlagen der Seele und des
Geistes in symmetrischer Vereinigung harmonisch bethä=
tigt, ergiebt die gelehrige und nützliche Zusammensetzung,
welche wir gesunden Menschenverstand nen=
nen. Schlauheit und List sind eine unverfälschte
Schlangenweisheit und wesentlich sündlich. Andrer=
seits ist die Umgehung und Vermeidung aller Pflicht=
erfüllungen, um die Unschuld zu bewahren, übertriebene
Taubeneinfalt, und ist angefüllt mit Unterlassungs=
sünden. Des Predigers Handeln darf nicht den gesunden
Menschenverstand verletzen, wenn es auch durch heilige
Beweggründe angetrieben ist.

(1) Der Prediger kann sich nicht ohne Nachtheil
der Gesellschaft ferne halten. Gesellschaftliche Ascetik
ist unpopulär und unduldbar. Ein ungebührlich eifriger
Prediger kann in die Gesellschaft als moralischer Kritiker
eintreten und ein Eindringling und vollendeter Tadler
werden; aber mit gesundem Verstande kann er alle seine
moralisch gebotenen Pflichten so erfüllen, daß er das an=
genehmste Glied der Gesellschaft ist. Wenn er gesunden
Menschenverstand gebraucht, kann er in's innere Heilig=
thum der Herzen seiner Leute bringen und somit Christum
selbst Eintritt verschaffen. Eine Popularität, welche

sich um die Achtung vor gutem Anstand, wahrer Freund=
schaft und Anmuth, Seelenadel und Freundlichkeit be=
wegt, ist die eigentliche, Vortheil verleihende, Stellung des
Reisepredigers. In seiner Berührung mit der Gesell=
schaft giebt es indessen eine Schranke, welche, wenn nicht
beachtet, leicht zum Uebel und Verderben hinneigt; daher
darf er diese Schranke nicht überschreiten. Aber, indem
er sich weigert, der Masse zu folgen, kann sein gesunder
Menschenverstand dennoch sich ihre Achtung und Neigung
erhalten, ohne ihren Widerstand hervorzurufen. Die
Würde und Freundlichkeit selbst, welche man übt, indem
man sich von den Handlungen der Zweideutigen fernhält,
ohne die Sympathien derselben abzustoßen, wird ein mäch=
tiger Zügel in ihren zweideutigen Handlungen sein.

(2) Während der Prediger sich die öffentliche Ach=
tung erhält, kann er auch die öffentliche Macht leiten und
benutzen, seinen Zulaß zum Publikum zu befördern.
Dies ist das Geheimniß alle Einflüsse zur Gerechtigkeit
zu verwenden. Die Welt kann bewogen werden, zu
Kirchenbauten beizusteuern, wenn der geheime Beweg=
grund auch nur auf lokale Verschönerung und gesellschaft=
liche Sympathie hinausläuft. Aber der weise Prediger
wird dieselbe Kirche zur Bekehrung der Beisteuernden zu
verwerthen wissen, ehe sein Dienstjahr zu Ende geht.

(3) Des Predigers Handlungen müssen
unter sich übereinstimmend sein. Inconse=
quenz könnte einen Engel vom Himmel zum Falle brin=
gen. Die Sprache und Art und Weise von heute, müssen

mit derjenigen von gestern harmonisch zu erklären sein.
Eine Abweichung im Verhalten, welche von einem Tag
zum andern Erklärungen forbert, wird einen öffentlichen
Verdacht erwecken, welcher die Nützlichkeit eines Mannes
zerstören muß! Aber eine gleichmäßige Festigkeit, welche
tiefe, bleibende Prinzipien offenbart, muß mit gesundem
Menschenverstande untermischt, das öffentliche Vertrauen
gewinnen.

(4) Es ist weislich, in besondere Gele=
genheitspredigten alle öffentlichen
Jahresfeste, nationale Feiertage und
bemerkenswerthe zufällige Begebenhei=
ten hineinzuflechten. Solche Gegenstände for=
bern an sich selbst die Aufmerksamkeit heraus und der
Vortheil ist wunderbar. Wenn von diesen Dingen ein
kluger Gebrauch gemacht wird, so ordnet sich des Predi=
gers Arbeit großentheils mit einem solchen Geschick und
einer solchen Vermögenheit nach seiner Hand, daß es die
Resultate irgend einer patentirten Maschine weit über=
trifft. Der vierte Juli hat auch eine religiöse Be=
ziehung, aber es ist nicht weislich inmitten römischer Lich=
ter, Feuerwerke und den Hussah's froher Patrioten, die
heitern Gesichtszüge in ernste Andachtsmienen zu ver=
wandeln.

(5) Es gibt auch Zeiten, wo es für
einen Prediger weislich ist, sich mit
Schwesterkirchen zu verbinden. Solche
Fälle sind z. B. die Gebetswoche, der National= oder

Staatsbanksagungstag, Sonntagschul-Conventionen u.
A. m. Sogenannte „Unionkirchen" sind Bastard-
gebäude, die kein Gutes erzeugen, wohl aber oft der
Gegenstand religiöser Streitigkeiten sind. Der gesunde
Menschenverstand unterläßt es, Unionkirchen zu errich-
ten. Derselbe Tadel trifft auch längere Zeit anhaltende
Unionsversammlungen. Es ist angenehm, die
neue Geburt im eigenen religiösen Heim zu erfahren und
nicht in demjenigen eines Nachbars.

(6) Gesunder Menschenverstand in
einem Prediger ist ein bedeutender Faktor bei erfolgreichen Erweckungsver-
sammlungen. Wie alle anwesenden Gotteskinder
geschickt und nützlich zu verwenden, wie den Fanatismus
zurückzuhalten, wie Anstoß zu vermeiden und nicht zu
sündigen, wie die Evangeliumsernte so einzurichten, daß
die möglichst größte Zahl bekehrter Seelen eingesammelt
werde; dieses sind immer gegenwärtige Aufgaben. Wie
überzeugte Seelen aus feindlich gesinnten Familien zu
entreißen, wie die Lämmer zu weiden, und zwar jedes einzelne auf besondere, besonnene Weise, erfordert immer
besondere Weisheit.

In einem entfernten westlichen Staate überließ einst
an einer Lagerversammlung der Vorstehende Aelteste, der
müde und erschöpft war, eines Abends die Leitung und
Aufsicht über die Gebetsversammlung der Aufsicht eines
erst neulich licenzirten Localpredigers, der wohl physisch
stark, aber ohne umfassende Einsicht und Vorsicht war.

Groß aber war die Aengſtlichkeit des vorſtehenden Aelteſten, als er nach einigen Minuten eine ungewöhnliche Kund= gebung hörte! Er eilte ſchnell nahe genug hinzu und er= fuhr, daß zwei halbbetrunkene Männer verſucht hatten, die Verſammlung zu ſtören, und es beſonders auf den jungen Prediger abgeſehen hatten, indem ſie an den Bet= altar gekommen waren. Ihr Zuſtand und ihre Beweg= gründe waren bald ausfindig gemacht worden, und der junge ſtarke Prediger hatte durch ſeine phyſiſche Kraft ſie mit derben Hieben in knieende Stellung gebracht, und zwang ſie durch wiederholt austheilende Fauſtſchläge eine Stunde lang aufwärts zu blicken und zu beten. Dieſes Züchtigungsmittel war hart. Aber der Aerger, welcher folgte, als ſie nüchtern waren, nöthigte den Einen in eine unbekannte Gegend zu entweichen, und den Andern wirk= lich bußfertig zu werden, und ſich zu bekehren. Solcher Gebrauch des „Bußaltars" für betrunkene Män= ner iſt eine ſehr fragliche Schicklichkeit.

(7) Weisliche Prediger werden auch ein Gebiet zur Anwendung ihres Witzes und ihrer Weisheit darin finden, daß ſie hie und da Harmonie zwiſchen ent= zweiten Brüdern herſtellen. Leider iſt es ſo, daß Aergerniſſe kommen müſſen und Fehden werden alt; ſo daß ſie oft eine ganze Gemeinde *pro* und *con* gegen= überſtellen. Bei ſolchen Vorkommniſſen iſt Predigt und Fortſchritt vergeblich; Verſöhnung iſt die einzige ange= meſſene Sache und Frage. Wie zwei irrende Brüder

veranlaßt werden können, daß sie sich gegenseitig die
Hand zur ewigen Freundschaft reichen, ist eine übermensch=
liche Aufgabe.　Und ob der Prediger so weise wie eine
Schlange und ohne Falsch wie eine Taube wäre, so wird
doch oftmals sein Bemühen vereitelt werden; daß er, wie
einst die Jünger, mit der Frage zum Meister kommen
muß:　„Warum konnten wir ihn nicht austreiben?"
Und er wird auch dieselbe Antwort erhalten:　„Diese Art
kann durch nichts ausgetrieben werden als durch Beten
und Fasten."　Und in der That, nur wenn man sich an
die göttliche Allmacht auf eine entsprechende Weise wen=
det, sind die Uneinigkeitsteufel genöthigt, auszufahren.

(8)　In jeder gesellschaftlichen Um=
gebung giebt's einige der Kinder dieser
Welt, die außerordentlich weise nach
ihrer eigenen Meinung sind.　Sie haben es
gerne, wenn sie Ungläubige, Philosophen der Gesell=
schaft, Orakel der Wissenschaft, der Kunst und Politik
genannt werden.　Sie sind selbst angestellte Ausleger
des Rationalismus an den Straßenecken, angefüllt mit
Argumenten und Kenntnissen, die dazu beabsichtigt sind,
die heilige Schrift und die Kirche zu verurtheilen.　Ihre
Aufgabe ist, Einwürfe gegen die göttliche Offenbarung zu
erheben und mit einem Spott und scheinheiliger Ent=
rüstung die vermeintlichen Widersprüche der Kirche nach=
zuweisen.　Für die Bekehrung solcher Leute darf man
nicht viel Hoffnung hegen.　Die einzige scheinbare Ab=
hülfe ist, daß sie eines Tages dem Tode verfallen und

ihre giftigen Argumentationen aufhören. Es erfordert alle Weisheit eines Predigers, ihren bösen Einfluß auf die Unbewaffneten zu verhindern, und sie so dienstbar zu machen, daß ihr Zorn Gott den Allmächtigen preise.

(9) Noch eine andere Klasse ist in An= gelegenheiten ihres Heils delicat zu behandeln. Es sind Seelen, die nicht weit vom Reiche Gottes stehen und die in Sympathie mit dem Er= folg der Kirche sind. Viele dieser sogenannten „Schwä= ger der Kirche" sind Männer, deren Gattinnen treue Kirchenglieder sind. Männer, deren Sympathieen und Neigungen mit denjenigen ihrer gottesfürchtigen Frauen gehen. Des Predigers Beziehung zu diesen Leuten ist sehr bedeutsam. Ihre Bekehrung ist allerdings die Alles übersteigende Nothwendigkeit. Aber wie diesen großen Zweck zu erreichen, das übersteigt den einfachen Verstand des Predigers. Ihre Achtung muß erhalten werden, aber ihre Bekehrung ist die erste und hochwichtige An= gelegenheit. Sie sind werthvolle Trophäen für die Kirche, wenn ein weiser Prediger sie gewinnen kann.

(10) Oftmals wirft sich auch der wei= sen Entscheidung des Predigers diese Frage auf: „Wie weit mag eines Predi= gers Frau, wenn sie die Gabe und Nei= gung hat, als eine öffentliche Gehül= fin nützlich sein?" Einige Frauen fühlen sich ge= wissenhaft in's Arbeitsfeld gedrängt, während manche wählerische Kirchenglieder in dieser Hinsicht gewissenhaft

empfindlich sind. Eine Frau mag nicht gebührende
Achtung vor den Einwürfen haben, die sich ihrem öffent=
lichen Leben entgegensetzen; noch kann voraussichtlich ihr
Gatte, wenn er der Prediger ist, in seinem ehelichen Ver=
hältniß, kaum ein klares, unparteiisches Urtheil in sol=
chem Falle haben. Die öffentliche Meinung ist froh, eines
Predigers Gattin als einen Führer in solchen kirchlichen
Unternehmungen willkommen zu heißen, in denen ihr
Geschlecht, d. h. Frauen, die Hauptarbeiter sind. Aber
die noch unbestimmte Frage in der Kirche unserer Tage
ist: Die Schicklichkeit der allgemeinen Einführung der
Frau auf die Rednerbühne und Kanzel. Die Frage ist
noch zur Besprechung offen; aber inzwischen gewinnen die
Frauen bei jeder Wendung der Verhältnisse mehr Grund
in der öffentlichen Arena, und sicherlich ist unsere Kirche
hierin in der Vorhut ihrer Beförderung. Die Frauen
indessen, welche in dieser Beziehung am prominentesten
sind, mögen sehr richtig etwas Märtyrergeist nähren,
denn ein bedeutender, und durchaus nicht zu verachtender
Theil der öffentlichen Meinung verurtheilt diesen Fort=
schritt der Frauen als eine männliche Anmaßung. Laß
diejenigen, die Lust haben, den Weg zu bahnen, fort=
fahren so zu thun; aber dieser Zeuge, weit davon ent=
fernt, ein Richter sein zu wollen, möchte einfach insoweit
zur Vorsicht mahnen, daß man nicht des Reisepredigers
Nützlichkeit störe, wo das öffentliche, prominente Hervor=
treten einer Frau nur Uneinigkeit schaffen würde. Die=
ser Rath ist nicht auf irgend einen Werth der in Sprache

stehenden Frage gegründet, sondern auf die Schicklichkeit
in einem Reiseprediger und birngt darauf: „Seid daher
klug wie die Schlangen und ohne Falsch wie die Tauben!"

3. **Ein anderes Hülfsmittel des Predigers ist eine gute Bibliothek.** Dem
Aufhören des Studiums zu irgend einer Zeit, wird das
Aufhören des Wachsthums unmittelbar folgen. Bücher
enthalten den Sammelschatz der Vergangenheit. Sie
sollen nicht verschleudert, noch memorirt, sondern verbaut werden. Ein Prediger sollte eine so stark aus-
geprägte Individualität haben, daß er nur die gesunden
Bestandtheile eines Buches assimilirt. Er soll nicht wie
eine Raupe sein, die ihre Farbe nach der Farbe eines
jeden neuen Blätterschmauses wechselt. Eine feste Originalität muß das Fundament sein; dann trägt jedes
werthvolle Buch neue Verbindungen und Formen herbei,
welche in dem Laboratorium der geistigen Chemie um-
gestaltet werden. Das Lesen einer grünblichen Serie
der Geschichte einer Nation wäre kaum hinreichender
Grund, eine verlängerte historische Predigt zu entschuldigen. Aber der einsichtsvolle Leser solcher historischen
Werke wird daraus manchen Edelstein der Wahrheit ent-
nehmen, und manche logische Schlußfolgerung für den
Schatz seiner Macht und zur Erweiterung seiner Kenntnisse ziehen.

Die Biographie soll nicht aus einer Bibliothek zusam-
mengerafft werden, um sie auf der Kanzel zu recitiren;
aber sie mag den Geist des Lesers bereichern und anspor-

nen und ihn zehnfach nützlicher machen. Die Natur-
wissenschaften sind erfüllt mit Materialien zur Illustra-
tion und Verschönerung. Christus gründete die meisten
seiner Gleichnisse auf natürliche Gegenstände.

Theologische und metaphysische Werke sollen studirt
werden, um die Geleise auszufüllen und die Landstraße
des soliden Gedankens zu ebnen. Biblische Hülfsquellen
und religiöse Encyclopädien liefern den Stamm für manchen glänzenden Vortrag. Auch bedeutende h e t e r o d o x e
Werke, können zufällig, von solchem Prediger, der in der
Wahrheit wohl gegründet ist, untersucht werden; allerdings mit unvergeßlicher Vorsicht, in Betreff des Charakters solcher Bücher; so daß er vorbereitet sein mag, deren
Trugschlüsse bloßzulegen. Aber es ist unweislich und
unnöthig, die Offenbarung eines verkehrten, irrigen Lehr-
systems vor einer Versammlung bloß deshalb zu machen,
um es in einer Art tapferer Polemik blosstellen zu können.
Schlechte Bücher, die verderbt in ihrem Stil und senia-
tionell und unwahr in ihrer Materie sind, haben keinen
Entschuldigungsgrund ihrer Existenz, und sicherlich keinen
für das Vorhandensein in eines Predigers Bibliothek.
Der literarische Geschmack ist so empfindlich, daß er eine
Aussetzung und Blosstellung für schlechte Literatur ge-
radezu verbietet. — Besonders, weil die Welt nur wenige
D a n i e l seelen hat, die trotz des Tyrannen U n w a h r-
h e i t Machtgebote und Befehle unbewegt und fest bleiben.

4. J e d e r M e n s c h w i r d d u r c h d i e N a-

turgesetze unterstützt, wenn er ihnen ge=
horsam ist. Gesundheit hat ein Joch, welches sanft
und eine Last, welche leicht ist. Sie spricht gebieterisch
durch gewisse positive und negative Gesetze. „Du sollst!"
und „Du sollst nicht!" sind gleich verbindend. Ein Pre=
diger muß Gott ebenso getreu in der Natur als in der
Offenbarung gehorchen. Enthaltsamkeit von berauschenden
Getränken und narkotischen Stoffen; Mäßigkeit im Speise=
genuß, richtiges Verständniß für entsprechende Zeiten des
Schlafens und Wachens zu haben, ebenfalls in Betreff der
Anstrengung und Erholung und Beachtung anderer Natur=
gesetze, alles dieses neigt dahin langes Leben und gute
Gesundheit zu verschaffen. Es ist eine Neigung in un=
serer Natur, welche für den Wechsel empfänglich und
dennoch der Stetigkeit in der Richtung äußerlicher Kraft
unterworfen ist. Dies ist das Gesetz der Gewohnheit.
Sie kann uns hoffnungslos im Verkehrten, oder auch un=
beweglich im Richtigen befestigen. Der Knecht Gottes
kann sich selbst in Gewohnheiten des Anständigen und der
Gerechtigkeit erziehen, bis es für ihn leicht ist, das Rechte
zu thun und „er seine Lust hat am Gesetze des Herrn."
Beides, die Seele und der Geist sind der Gewohnheit un=
terworfen oder unterwerfbar. Es hilft einem Prediger,
wenn seine Unbescholtenheit so befestigt ist, daß er Ver=
drehungen haßt! Seine Ernsthaftigkeit kann so gedie=
gen sein, daß leichtsinniges Scherzen ihm Sünde wäre.
Echter Enthusiasmus für seine heilige Berufsaufgabe
kann ihn so erfüllen, daß andre Beschäftigungen ihm gar

keine Versuchung bereiten können. Wachsamkeit, über seiner heiligen Pflicht, kann ihn so durchdringen, daß er zur Zeit oder zur Unzeit gegenwärtig ist. Indem der Prediger verbunden ist, jedes erreichbare und gesetzliche Hülfsmittel zu gebrauchen, um seine Berufsaufgabe im höchsten Grade erfolgreich zu machen, so muß er reine und untadelige Gewohnheiten zu seinen Gunsten üben und sich aneignen.

„Meister, steig're uns're Kräfte,
Zu dem heiligsten Geschäfte,
Daß wir bau'n, was öb' und wüst;
Zähren trocknen und das Leben,
Das da fiel, vom Fall erheben,
Wie es hier dein Wille ist.

Offenbare und enthülle
Dich in aller Kraft und Fülle,
Deiner großen Majestät;
Hilf verbreiten uns hienieden
Deines Reiches Glanz und Frieden,
Bis ringsher dein Banner weht!"

Viertes Kapitel.

Dinge, welche der Reiseprediger vermeiden muß.

1. **Gebieterisches Wesen.** „Nimm hiemit hin die Vollmacht!" erweist sich bei manchen Männern als Alles, was sie bei ihrer Ordination deutlich gehört haben. Es scheint in der That der süßen Anmuth und Demuth der Evangeliumsbeispiele und Vorschriften so fremd zu sein „über die Gemeinde Gottes zu herrschen," daß man es von vorne herein als ein unwahrscheinliches Vorkommniß bezeichnen möchte. Wenn Demuth und Gnade immer die vorzüglichen Tugenden eines Predigers sein würden, dann könnte gebieterisches Wesen sich nie eindrängen. Selbst wie es ist, kommt dieser Fehler nur selten vor, und entspringt dann aus geistiger Schwäche. Dennoch ist schon die bloße Neigung zu irgend einer tabelhaften Maßregel durchaus zu häufig sichtbar. Dieser Tendenz, und ihrem geringsten Schein des Bösen Halt zu gebieten, ist mehr als ein Pflicht, — es ist eine christliche Nothwendigkeit. Autoritätsmacht kann verliehen werden, und dennoch mag

ihr seidenes Joch so sanft sein, daß es nicht gefühlt und
bekannt wird. Autokratie ist schon in bürgerlicher Re=
gierung ein sicherer Vorläufer des Despotismus. Jede
„Eines Mannes Gewalt" ist der bürgerlichen Freiheit ge=
fährlich; denn ihre süße Ausübung ist eine fortwäh=
rende Versuchung und ein, steter Gefahr ausgesetzter, An=
trieb. Sie ist jedem Widerstande, und sogar jeder Vor=
stellung gegenüber unduldbar. Ihre Forderung ist
blinder Gehorsam und ihr Höhepunkt das Verlangen
mechanischer Knechtschaft. Die Maschinerie des Kirchen=
regiments auf der andern Hand ist durch die Beziehung
der zusammengesetzten Theile vollständig eingeschränkt.
Hier gibt es kein Haupttriebrad, ausgenommen den All=
mächtigen, und in der menschlichen Betheiligung ists wie
in jeder bürgerlichen Demokratie, wo alle Gewalt in den
Händen des Volkes ruht.

Die höchste menschliche Autorität ist in unserer Kirche
die General=Conferenz, und auch sie greift durch die jähr=
lichen und vierteljährlichen Conferenzen zum Volke zu=
rück. Die Conferenzen sind durch Delegaten vertreten,
welche auch wieder die Diener des Volkes sind, und somit
ist Alles so balancirt und bewacht, daß irgend eine An=
maßung sofort unterdrückt werden muß. Herabkommend
zum Stationsprediger muß allerdings gesagt werden, daß
er mit etwaiger ausübender Gewalt betraut ist; aber auch
hier sind genügende Zügel, beides seitens seiner Vorge=
setzten wie auch Untergebenen vorhanden. Wenn dieser
kirchlich Bedienstete, willfährig zu menschlicher Gebrech=

lichkeit wäre und Liebe zur Macht hätte, und seines heiligen
Berufes vergessend, sich zu menschlichen Beweggründen
herablassen würde, könnte er wohl einen Tag gebieterisch
und hochfahrend sein, aber dann würde er plötzlich durch
die reservirten Mächte des kirchlichen Gesetzes aufgehalten
werden.

Dennoch mögen Alter und geistige Altersschwäche,
oder längere Ausübung der Autorität, einen Prediger
mehr und mehr verletzlich machen, ja ihn bis zur Versuchung eines unbewußten Ehrgeizes führen. Wenn alle
Aeltesten und Bischöfe constitutionelle Ebenbürtige nach
der kirchlichen Tradition sind, und nur relativ in erwähl-
ter oder angestellter Amtsstellung verschieden sind, so
sollte sicherlich keine Abweichung von kirchlicher Gleichheit
sein, als nur aus Achtung vor Alter und Amt. So auch
gleicherweise, wenn Glieder und Prediger in einer Kirche
gesellschaftlich verkehren, können ihre Funktionen ver-
nünftig unterschieden sein; aber der höchste unter ihnen
ist amtlich nur pars in paribus — ein Gleicher unter
Gleichen; nichtamtlich indessen, „wer unter euch will der
Größeste sein, der sei Aller Diener.“

Aber indem wir die Formeln der abstrakten Theorie
zur Seite setzen, müssen wir die ernsteste Warnung erheben gegen diesen, bei einem Prediger am meisten un-
verzeihlichen Fehler — gebieterisches Wesen!

In seinen milderen Formen würde es alle mögliche
Nützlichkeit in einem Seelsorger neutralisiren. Es würde
sicherlich die Freunde von ihm lostrennen und eine

menschliche Schwäche entdecken lassen, welche ein un=
ordentliches Gleichgewicht des Wesens und Verschroben=
heit anzeigen würde. —

2. Der nächste Fehler zu vermeiden
ist Intrigue. Laß den Christ erröthen der bloßen
Andeutung wegen; aber man höre mich der Sache halber!
Gebieterisches Verfahren ist Rebellion gegen das Gesetz,
wie es in nicht amtlichen untergeordneten Leuten
niedergelegt ist; Intrigue ist verstohlene Rebellion gegen
Ebenbürtige und Vorgesetzte im Amte. Wenn ein Uebel
unter bürgerlichen Politikern größer ist als andere, und
welches bittere Reue und Buße fordert, so ist es diese
schlaue Betrügerei, welche beabsichtigt ist, sich selbst auf
einer erzwungenen Fluthwelle auf Kosten anderer zu
erheben. Ehrlichkeit verabscheut immer dieses Verfah=
ren. Wie viel ärger aber, wenn keck eingehüllt in den
Hermelin ministerieller Heiligkeit! Ein vermeintlicher
Repräsentant unseres Herrn sollte sich zu solchem Plane,
um Stellung und Herrschaft zu erlangen, nie herabwür=
digen! Laßt uns hoffen, dieses ist höchst selten der Fall.
Die Geheimthuerei vermehrt hierin die Sündhaftigkeit.
Gerüchte mögen offenkundige Fälle offenbaren; Fälle von
wirklichem Einfluß, der seine Netze legte, die vielleicht
darauf abzweckten, eine Predigerstelle vacant zu machen,
indem man den Besitzer unwahr darstellte, und sich dann
bemühte, den begehrten Preis selbst zu gewinnen, und
zwar auf eine zweideutige Weise. — Wir wollen hoffen,
daß diese Anspielungen auf solche Fälle nie einen wirk=

lichen, lebenden Vertreter hatten und heute nicht haben, und mithin auf die reine Hypothese beschränkt sind.

Wiederum würde es sicherlich beides, Unwürdigkeit und Unvermögenheit anzeigen und das Brandmal der allgemeinen Verabscheuung verdienen, wenn Männer von ihrer wirklichen Lebensaufgabe, Seelen zu retten, ablen= ken und statt derer geheim und sündhaft für den Preis einer Delegaten=Erwählung zur General=Conferenz ar= beiten. — Mögen wir auch hier glauben, daß dieses blos hypothetisch ist. Es ist ein großer Unterschied zwischen unheiligem Ehrgeiz und dem bloßen Begehren „der besten Gaben!" — Der Ehrgeiz, der nur sich selbst sieht, muß für immer gemieden werden, während ein Wunsch, und sogar das Bestreben in Nützlichkeit und rechtmäßigem Einfluß zu übertreffen, empfehlenswerth ist. Es drückt Niemand nieder, sondern öffnet einen königlichen Weg zur Vortrefflichkeit, welchen Alle harmonisch wandern können. Die Empfehlung ist jedoch weit davon ent= fernt zu sagen: „Begehret die besten Anstellungen!" Es ist von großer Bedeutung für die Reinheit unseres geliebten Zions, daß wir hierin wachsam sind und daß f e i n e D r ä h t e so gänzlich abgeschafft werden, als ob der Satan selbst die erste elektrische Batterie wäre, der die Drähte nur als Leiter der Elektricität der Sünde von Herz zu Herz gebraucht.

3. Man gestatte eine andere Hypothese, welche, wenn sie je existirte, nur eine Modification des zuletzt genannten Uebels sein würde. — Wir spielen auf die

Beschuldigung des ungebührlichen Bemühens um beson=
dere Versetzungen an. Wir weisen einfach auf diese An=
schuldigung hin, um sie zu widerlegen; vielleicht war sie
dem wirklichen Arbeiter nie bekannt. — Es ist sicherlich
nicht unedel, eine Willigkeit zu zeigen, hierhin oder dort=
hin gehen zu wollen, wenn Gott und die Kirche rufen
sollten; dieses würde einfach eine loyale Wiederholung
des ersten Gelübdes sein. Aber es mag erscheinen als ob
mit viel Menschlichkeit untermischt, wenn man einfach
auf ein großes populäres Arbeitsfeld zu kommen sucht,
da doch der Ruf fehlt und die Arbeitsfelder, die man ver=
lassen hat, „reif zur Ernte waren.“ Wenn die allgemeinen
Oberaufseher der Kirche, die gelobt haben, ihre Pflichten
getreu zu verrichten, einen Mann erwählen und versetzen,
der für eine leer gewordene Stelle besonders geeignet ist,
so verrichten sie sicherlich die eigentlichen Funktionen ihres
Amtes weislich. Ferner zeigt schon der bloße Prozeß die
elastische Wirksamkeit unserer Arbeitskräfte in der Welt.
Es ist eine Schönheit unserer kirchlichen Einrichtung, daß
Männer von einem Theil der Kirche in den andern ver=
setzt werden können, und dennoch ein Theil der großen
Vereinigung bleiben. Unterwinde sich Niemand von sei=
nem Posten als Wächter von Zions Mauer zu gehen,
wenn er nur sein eigenes Echo von Macedonien hört:
„Komm herüber und hilf uns!“

4. Der Reiseprediger muß es vermeiden, sowohl
durch That als durch Wort Jeremiaden von Bedauern zu
singen, und von seiner Täuschung über die eigene Berufs=

arbeit unter seinen Mitarbeitern zu reden. Die zehn Kundschafter, die ins Land Canaan entsandt wurden, hätten Israel wohl kaum mehr schänden können, als dadurch, daß sie ihren Bericht über die Enaksskinder so übertrieben, bis das ganze Volk weinte. Ein fröhlicher und hoffnungsvoller Führer, der seines künftigen Sieges überzeugt ist, wird ihn auch sicherlich gewinnen. Eine Schlacht ist wirklich schon halb gewonnen, wenn der Entschluß mit unbeugsamem Stahl bewaffnet ist. Geistige Entmuthigung und Verzweiflung kann die angemessene Ursache des wirklichen Todes werden. Eine Schlacht gegen moralische Fürstenthümer und Gewalten ist keine Ausnahme. Der Führer auf der Kanzel in seiner besonderen überlegenen Stellung könnte seine ganze Versammlung durch eine verzagte Gemüthsstimmung entmuthigen. Er würde sie zwingen, sich von seiner Führerschaft durch Trennung loszusagen, oder mit ihm in den Wellen der Trübsal zu versinken. „Wie Eisen Eisen schärft, so schärft ein Mann das Angesicht seines Freundes." Der große A e n e a s ließ verstellt einen frohen Muth blicken als er nahe überwunden war und er seine Schiffe gegen Italien führte.

Christus, der größere Führer im Sturme zu Galiläa sagte: „Seid getrost, ich bin es, fürchtet Euch nicht!"

Dies ist des Reisepredigers göttliches Vorbild. Wenn Gott für uns ist, wer kann wider uns sein? Dieses ''memento'' auf der Kanzel, sollte aus einem Manne einen moralischen Helden machen, der in die Herzen seiner Leute trotz Widerständen seinen eigenen muthigen Geist überträgt. Dieses ist die muthige Beredsamkeit sittlicher Begeisterung. —

———

Wohin auch der Herr dich sendet,
　Folge treulich seinem Wort;
Trage seine heil'ge Botschaft
　Auf Befehl an jeden Ort.

Künde seinen ganzen Rathschluß
　Rein, wie er gegeben, an;
Vor des Volkes großer Menge,
　Vor Despot und vor Tyrann.

Es gilt Arme zu befreien
　Von der Sünde schwerer Last,
Und der Herr gebietet: Eile;
　Darum gönn' dir keine Rast!

Siehst du auch nicht immer Früchte
　Deine Arbeit, reich und schwer,
Rufe fort, wenn Gott gebietet:
　„Höret, also spricht der Herr!"

Hör' nicht auf mit Ernst zu werben,
　Trag' erneut den Auftrag vor; —
Endlich wirst du Früchte finden,
　Und ein willig Herz und Ohr! 　C. A. P.

———

Fünftes Kapitel.

Einige der Opfer, die der Reiseprediger bringen muß.

1. **Wir nennen zuerst das Opfer eines permanenten Heims.** Niemand außer einem Reiseprediger, kann völlig die Bedeutung der Heimathlosigkeit begreifen. Schwesterkirchen schauen auf uns, und wenn sie einigermaßen einen Anblick dieses Opfers haben, schrecken sie zurück vor dessen Unermeßlichkeit.

Aber der Reiseprediger von den Beweggründen seiner Handlung durchdrungen, und gelockt von den Belohnungen des zukünftigen Lebens, nimmt die Bedingungen freiwillig an, ignorirt die Heimath und tritt die Pilgerreise an. Die Poesie mag schmeichelnd die Freuden der Heimath in ihren Wechselgesängen erwähnen; die Prosa mag die Heiligkeit des Familienherdes beschreiben, wo die Liebe angefacht wird, und das Feuer von einem Geschlecht zum andern brennt. Aber wir behaupten, sie können nie das heilige Sanktum der Jugendheimath malen, wie sie mit allen ihren heiligen angeerbten Gesellschaften für immer dem müden Manne und seiner hülf-

losen, die Heimath liebenden Familie, ein Zufluchtsort
ist. Das Gesetz mag jenes kräftige Axiom recitiren
„daß eines jedes Mannes Haus seine Burg ist." —
Aber der Reiseprediger, der das Predigerhaus nur zeit-
weilig bewohnt, ist eine Ausnahme von diesem bürgerlichen Axiom und der poetischen Phantasie. Abraham
war ein Pilger im Sinne eines Auswanderers, wo seine
Hoffnung eher auf eine göttliche Verheißung als auf
eine gefüllte Geldbörse und ein bürgerliches Landgarantie-
gesetz gegründet war; und er wurde angezogen durch die
Verheißung einer schönen irdischen Heimath. Aber der
Reiseprediger ohne Landgarantie, ohne Tasche und Beutel,
ja sogar ohne göttliche Zusagen irdischer Güter und Besitzungen, nimmt die Verheißung einer zukünftigen,
himmlischen Belohnung an und diese ignorirt gänzlich
die Aussicht auf die irdische. Keine Scene kann eine
erhabenere Darstellung des Glaubens sein als die
unmittelbare Bewegung des Heeres der Reiseprediger,
bei der Vertagung ihrer betreffenden Conferenzen! Keine
militärische Autorität könnte so prompt den Gehorsam
ihrer Armee befehligen. Das Lebewohl ist gesagt,
der Expreßzug bestiegen, und die wirklichen Pilger bewegen sich hier hin und dort hin zu ihren neuen, fremden
Arbeitsfeldern. Gott hat gerufen, die Kirche hat ange-
stellt und mit Familie und persönlichen Effekten gehts
jetzt ohne Verzögerung auf die Reise. Wenn dieses keine
erhabene Darstellung des Glaubens ist, dann giebt es
keine Nachfolger der ehrwürdigen Alten! Aber dem

Reiseprediger, der Empfindungen hat wie andre Leute
auch, bedeutet dieses das Opfer einer Heimath, mit
Allem was der theure Name bedeutet und in sich schließt.

2. Ein anderes geringeres Opfer des Reisepredigers
ist das Ignorirenmüssen aller menschlichen Bedeutung,
verbunden mit Grundbesitz und Herrschaft über den
Boden. Insoweit als Eigenthumsbesitz und sich ansäßig
machen auf Grundeigenthum immer als ein Zeichen der
Macht und Autorität betrachtet wird, haben Menschen
immer nach dieser Auszeichnung gelüstet. Ihre Würde
ergab sich theils aus der Ausdehnung der Besitzungen.
Der Reiseprediger ist nicht unwissend über diese Vortheile;
und in einer Kompetition von Talent und Arbeit, wenn
sie von seiner heiligen Berufsaufgabe auf irdisches
Streben gelenkt würden, ist er sich völlig bewußt, daß
seine Bemühungen ihm unter all diesen weltlichen Compe=
titoren einen ehrenhaften Platz würden einnehmen lassen.
Kanäle des Reichthums würden sich ihm wie ihnen in
dieser fruchtbaren Welt eröffnen. Aber sein Opfer muß
vollständig sein und seine Wahl des Predigtamtes zeugt
davon, daß er dieses Opfer gebracht hat. Das Salär
muß, in seinem besten Stande, so beschränkt bleiben, daß
Reichthum unmöglich ist; Erwerbung von Grundeigen=
thum, ausgenommen es sei durch Erbschaft erlangt, ist für
ihn ein unwahrscheinliches Vorkommniß, und bloßes Aus=
kommen ist die Ausdehnung seiner finanziellen Aussicht.
Mose Leiden mit dem Volke Gottes war der frühere Geist
des Reisepredigerlebens. Oft macht seelsorgerische Liebe zu

den kirchlichen Erfolgen der Wohlthätigkeit seine Geld=
börse zu einem offenen Supplement aller mangelhaften
Collekten. Und er bringt alle diese Eigenthum=Opfer
im völligen Bewußtsein, daß Bauerngüter der Fülle und
Wohnhäuser des Reichthums zum Verkauf für Alle sind,
die ihre Mittel des Fleißes und der Sparsamkeit dazu
gebrauchen wollen. Er aber blickt auf eine andere
Landschaft, die himmlische.

„Sei der Pfad der Pflicht, auf dem wir wallen,
Blumig hier, dort sumpfig wüst beschilft;
Unser Glaube spricht: „Es kommt uns allen
Stets ein Retter, der uns weiter hilft!"

„Dieser Glaube kann die Nacht entschwärzen,
Hebt den Geist zum Lichtgebiet hinauf;
Schließt zuletzt dem heimwehkranken Herzen
Eine schöne, ew'ge Heimath auf! —"

Sechstes Kapitel.

Einige Belohnungen des Reisepredigers.

1. **In dem sich mehrenden Gedeihen Zions ist der Wunsch seines Herzens gestillt.** Die klare, frohe Thatsache, daß die Kirche in eine massive Macht wächst, wie die erfüllte Aehre der heiligen Schrift; ist eine Inspiration und Freude in seinem Herzen, die an ein Jubelfest desselben grenzt. Die göttliche Verheißung schloß die Welt ein; des Predigers Hoffnung schloß die göttliche Verheißung ein und die Verwirklichung erfüllt, als eine herrliche Wahrheit, des Reisepredigers Hoffnung. Er hat sich in der Größe und Menge dieser Evangeliums=Triumphe verloren, und solche Belohnung der Aussicht überwiegt unendlich das größte Salär eines Eisenbahnkönigs. Während des Reisepredigers Salär nicht von der Natur eines Lohnes ist, indem es immer hinreichend kärglich ausfällt, um solche Erwartungen gar nicht aufkommen zu lassen; so überwiegt dennoch seine innere Freude, die Ideale von nichterlangtem Gold und Silber soweit, daß

selbst K r ö s u s den Reiseprediger, und nicht den Eisen=
bahnkönig beneiden möchte. Es ist ein Problem, in der
Seele mehr Reichthümer zu haben als die Tasche fassen
kann. Das Gedeihen der ganzen streitenden Kirche ist
die Belohnung verallgemeinert. Sie ist angehäuft durch
die gegenseitige Hülfe anderer Männer und Prediger
anderer Kirchen und von der Gottheit selbst.

2. Eine mehr direkte und persönliche
Belohnung ist die Wiederbringung und
Rettung der Seelen. „Zu suchen und zu retten
was verloren ist," war die Aufgabe Christi und dieses ist
auch die Aufgabe des Reisepredigers. Diese Aufgabe aber
erfüllt, bringt die höchstmögliche Belohnung; denn es
bestätigt seinen Ruf, rechtfertigt sein Bekenntniß und
erfreut seine Seele. Er zählt seinen Reichthum nach der
Zahl der auf Hoffnung gefangen Gewesenen, die er dem
Satan entrissen hat. Er und sie erfreuen sich nun zu=
sammen um die neue Loyalität zu ratifiziren, den Werth
der Prämie dieser neu bekehrten Seelen zu veranschlagen
und neu den allgemeinen Lehnstribut dem Herrn
der Heerschaaren wieder darzubieten.

Diese Werthe und Siege können bei jeder neuen er=
weckungsversammlung, bei jedem Liebesfeste und Abend=
mahl, bei jeder Gebets= und Klaßversammlung, ja sogar
wo Zwei oder Drei sich zusammen zur Gottesverehrung
einfinden, gezählt werden. Die geretteten Seelen als
seinen Lohn zu betrachten, ist der erhabenste Begriff
des ministeriellen Reichthums.

3. **Der Knecht des Herrn hat eine individuelle Belohnung.** Es ist das aus seinem Wirken resultirende, persönliche Heil; völlig gemacht in christlicher Pflichterfüllung und verwandelt in der Hoffnung eines reichlichen Eingangs in die Freude des Himmels. Dieser Schatz ist zurückgelegt auf den Beweisgrund der Dinge „die nicht sichtbar sind." Wenn des Predigers Arbeit gethan ist, und sein Interesse hier sogar in seiner Unterstützung aufhört, wartet droben ein Lohn für seine verklärte Seele.

Seine Freude wird über dem reichlichen Erfolg seiner königlichen Aufgabe gesteigert. Er ist der Mittelpunkt einer zahlreichen Gesellschaft, die er angeleitet hat, daß sie sich versammeln in ewiger Freude. Es ist die Freude einer Seele die entzückt ist in dem Freudenjubel großer Heerscharen erlöster Seelen.

4. Laß dieses die Abschiedsworte über den Reiseprediger sein. Er ist so weit von Unzufriedenheit entfernt, daß er sogar froh ist über seinen Beruf, und es sei denn, daß die Vorsehung ihn durch Gebrechlichkeit nöthigt, wird er selten seinen Beruf aufgeben. Der Reiseprediger ist einer der glücklichsten Menschen der lebt; denn sein Kelch ist immer gefüllt bis zum Ueberfließen. Verhältnisse, die andre Menschen ärgern und schrecken würden, sind ihm die Verordnungen einer wohlthätigen Vorsehung. Von einem menschlichen Standpunkte betrachtet, ist sein Loos nicht beneidenswerth, aber wenn das jetzige und das zukünftige Leben in eine unsterbliche Einheit gefügt wer-

ben, dann könnte ein Engel sogar sein Loos beneiden.
Aber merke, sein Lohn ist nicht hier; sein besseres Schick=
sal hat sein Centrum im Jenseits; sein Tagesgestirn ist
die Sonne der Gerechtigkeit.

―――――――――

„Wenn einstens im Juwelenkranz,
Den Gott verleiht den Himmlisch=Reinen,
Sich Sterne finden, die an Glanz
Viel lieblicher als andre scheinen.

Ist's in der Krone, die d e n ziert,
Der hier gewacht hat und gebetet,
Daß Seelen er zum Herrn geführt
Und sie von ew'ger Pein errettet."

Dr'um, wenn dein Blick umsonst muß schau'n,
Auf Erden nach verdientem Lohne,
Wirk fort mit gläubigem Vertrau'n,
E i n st wird dir eine Sternenkrone!"

―――――――――

Dritter Theil.

Dienstunfähigkeit und Altersschwäche.

„Ich will euch tragen bis ins Alter
und bis ihr grau werdet.“

Jes. 46. 4.

Der gute Hirte, dem seit vielen Jahren,
Du seine Heerde treulich zugeführt;
Daß Gnade Du im Amt und Haus erfahren,
Daß Güte Du an Leib und Seel' gespürt;
Dem Du, ein Patriarch in Silberhaaren,
Dank opferst mit den Deinen tief gerührt;
Der mit Dir war auf allen Deinen Wegen,
Dich segnete und setzte Dich zum Segen.

Der sei Dein Stab, Dein Hüter und Begleiter,
Bis Du der Jahre höchstes Ziel erreicht.
Er mache Dir des Lebens Abend heiter,
Er mache Dir des Alters Bürde leicht.
Und kann dereinst der müde Fuß nicht weiter,
Und ist das letzte Abendroth erbleicht,
Dann zeig' er in des Himmels lichten Fernen,
Wie Abraham das Heil Dir in den Sternen.

C. Gerok.

Erstes Kapitel.

Dienstunfähigkeit.

Die Ernte ist größtentheils eingesammelt, die Aehren=
lese auf dem Felde gehalten, die Schatten über die Hügel
haben sich ausgelängert, und der Arbeiter, alt, müde und
erschöpft, setzt sich Abends am entfernteren Saum des
Feldes nieder und wartet bis der Wagen kommt, der ihn
und die Ernte heimnehmen soll. Die goldenen Garben
voll und reif, aufgestellt sind sie bereit für die Scheuer.

Dies ist genau das Bild von der Dienstunfähigkeit
des altersschwachen Reiseprediger. Laß die Welt sich
nicht einbilden, daß der Prediger, der nun seine, ihm ge=
stattete Dienstzeit durchlebt hat, und von den Gebrechen
eines mühevollen Arbeitslebens niedergebrückt ist, jetzt un=
glücklich ist. War Paulus unglücklich, als er seine fürstliche
Aeußerung machte: „Ich habe den guten Kampf gekämpft,
ich habe meinen Lauf vollendet, ich habe Glauben gehal=
ten!" Wenn die süße Ruhe des Abends den müden Wande=
rer umfangen hat, ist er dann unglücklich, wenn er sich in
der Nähe seines häuslichen Heims niedersetzt um über den
Erfolg des zurückgelegten Tages nachzudenken? Ist der

christliche Reiseprediger, der endlich durch Gebrechlichkeit
aufgehalten ist, aber dessen Herz aufwallt im Rückblick
auf die vielen Evangeliumssiege, und der nun friedlich
zwischen seinen Trophäen ruht und im Thale auf das Licht
des ewigen Morgens wartet, bis dessen Strahlen über
die Bergesspitzen hüpfen; — ist es wahrscheinlich, daß
solch' ein Knecht des Königs aller Könige gleichgültig sein
kann, wie er sich seiner endlichen Belohnung nähert.
Alle seine Feinde hat er besiegt, außer einem, und dieser
eine soll auch noch zuletzt überwunden werden, um die
endliche Arbeit mit auszeichnendem Siege zu krönen.

Seine Seligkeit ist weder eintauschbar noch käuflich;
sie ist, *sui generis*, des müden Reisepredigers Wartesaal
oder Vorzimmer zur himmlischen Freude. Er ist der
treue Missionar, seiner Arbeitspflicht entbunden, sitzt er
am Hafen der Zeit mit einem Reisebillet zur Heimath,
welches freiwillig von der Mutter gesellschaft geschickt
worden ist, und er gibt dem Schiffe, welches eben die
Bucht herabkommt, das Signal, daß es ihn aufnehme.
Beides: Heim, süßes Heim, und Geliebte, die auf der
andern Seite das Ufer bedecken, warten auf ihn. Die
schöne Bucht der Ewigkeit selbst begrüßt ihn und heißt
ihn willkommen in der Reisepredigerstadt von vielen
Wohnungen. Kein Wunder, daß er in seinem Selbstge-
spräche sagt: „Laß mich sterben den Tod des Gerechten!"

Wir müssen in diesem Kapitel noch ein paar Tage
oder Jahre betrachten, die zwischen des Reisepredigers
Arbeiten und seinem endlichen Lohne liegen. Er ist noch

in der streitenden Kirche und ein Glied derselben, aber schon auf der Grenze des Gebietes der triumphirenden Kirche. Dies ist Gottes Wille. Er schätzt mit Freuden den entfernten Anblick des Wonnelandes!

„Ich möchte heim, mich zieht's dem Vaterhause,
    Dem Vaterherzen zu;
Fort aus der Welt verworrenem Gebrause
    Zur stillen tiefen Ruh;
Mit tausend Wünschen bin ich ausgegangen,
    Heim kehr' ich mit bescheidenem Verlangen,
Noch hegt mein Herz nur e i n e r Hoffnung Keim:
        Ich möchte heim.

Ich möchte heim, ich sah in sel'gen Träumen
    Ein besseres Vaterland;
Dort ist mein Heil, in ewig lichten Räumen,
    Hier hab' ich keinen Stand;
Der Lenz ist hin, die Schwalbe schwingt die Flügel,
    Der Heimath zu, weit über Thal und Hügel,
Sie hält kein Jägergarn, kein Vogelleim, —
        Ich möchte heim.

Ich möchte heim, das Schifflein sucht den Hafen;
    Das Bächlein läuft in's Meer;
Das Kindlein legt im Mutterarm sich schlafen,
    Und ich will auch nicht mehr;
Manch' Lied hab' ich in Lust und Leid gesungen,
    Wie ein Geschwätz ist Lust und Leid verklungen,
Im Herzen blieb mir nur der letzte Reim:
        Ich möchte heim!   C. Gerok.

Zweites Kapitel.

Die Prüfungen des dienstunfähigen Predigers.

1. Seine Unvermögenheit die Arbeit fortzusetzen. Wenn das Urtheil sich mit allem Bedacht gesteht, daß diese köstlichen, öffentlichen Arbeiten jetzt aufhören müssen, wenn die zunehmende Gebrechlichkeit zu diesen Vorschlägen des Urtheils die Unterstützung anbietet; wenn die müde nachgebende Natur es bestätigt, daß es nicht möglich ist, noch länger wirksam zu sein, und die jährliche Conferenz im feierlichen Ernst sich diesen Forderungen der sich mehrenden Gebrechen unterwirft, dann muß es einfach geschehen, daß der moralische Held, der so viele Schlachten gewonnen hat, von der Nothwendigkeit, auf die Liste der in Ruhestand Getretenen gesetzt zu werden, unangenehm berührt wird. Die Thatsache, daß so viele Arbeit geschickte Arbeiter erfordert, und daß er das Geschick eines vorzüglichen Arbeiters erworben hat, und soll jetzt zur Seite gesetzt werden, dieses muß nothwendig den Ernst verschärfen, daß die

Gebrechen ihn für immer von jeder weiteren öffentlichen
Theilnahme am Werke abgeschnitten haben.   Er liebt die
Arbeit; er ist glücklich auf der Kanzel und bei seinen
Pastoralbesuchen; es ist seine zweite Natur einer langen Ge=
wohnheit; er muß sich aber in das unvermeidliche Schicksal
fügen.   In der That, dieses zweite Opfer zu bringen, ist
ein heiliges Vorrecht voller Schmerzen.   Dieses Aus=
einanderreißen der liebsten Vergnügungen muß eine Rei=
bung in den Gefühlen hervorrufen, ein Entgegenstellen
der eigenen Vorliebe, die nur ihre sich legende Entgegen=
stellung dem Willen und Gebot des großen Hauptes der
Kirche unterwirft, Gott aber macht auch unermeßliche
Wiedervergeltung namhaft.

2.   „Vergangene Unwirksamkeit" ist der allgemeine
Urtheilsspruch eines jeden Mannes, der in den ruhigen
und ernsten Momenten des Alters, wo seine Gelegen=
heiten vorüber sind, seine eigenen Bemühungen im Lichte
der nahenden Ewigkeit wiegt.   Der getreuste Mann ist
vor seinem Gott nur ein unnützer Knecht.   „Ich hätte
können," ist die Sprache der sich selbst bewußten Mangel=
haftigkeit.

Je mehr loyale Unparteilichkeit, während man den Rück=
blick im Lichte wohlbewußter Pflicht thut, desto gewisser wer=
den sich bei dem Ueberblicke Unvollkommenheiten und Män=
gel auf der ganzen Strecke des zurückgelegten Lebens=
weges finden.   Obgleich der dienstunfähige Reiseprediger
reichlich genügende Gründe für einen fröhlichen Rückblick
hat, dennoch stehend, wie es der Fall ist, am Rande der

Ewigkeit, erwartend, bald seinem Gott zu begegnen, und
einen reichlichen Eingang in die zukünftigen Freuden be-
gehrend, ist er in göttlicher Furcht empfindlich über seine
menschlichen Gebrechen.

3. **Physische und geistige Gebrechen
per se können kaum als etwas Angeneh-
mes angesehen werden.** Es war eine schmel-
zende Scene, als unser gesegneter Meister in geistiger
Angst im Garten der Trübsal ausrief: „Vater, ist es
möglich, so gehe dieser Kelch an mir vorüber!" In
diese Noth müssen wir alle kommen; wenn die Gebrechen
hier und dort die verwundbaren Stellen unseres Organismus erfassen. Während uns das Gefühl überwältigt,
daß keine Macht, als nur die Auferstehung, eine Heilung
hervorbringen kann, und daß kein anderer Weg zur
Auferstehung offen ist, als nur derjenige, der durch das
Thal des Todesschattens führt. Die Furcht vor dem
Tode, und diese Traurigkeit über die zehrenden Gebrechen
ist allen Menschen gemein. Während die Gnade Gottes
des guten Mannes Betrübniß erstaunlich neutralisirt,
würde doch der beste Prediger ein plötzliches Versetztwer-
den von der Kanzel in die bessere Welt, dem langsamen
Vergehen v o r und n a ch dem Tode vorziehen.

4. **Es ist eine Prüfung, die befrem-
dende Vergeßlichkeit der Welt zu erwägen, die ihn schon als todt betrachtet.**
Gestern noch, da er öffentlich in ihrer Gegenwart war,
sangen sie ihm reichliche Hosiannah's; heute hat ein An-

derer seine öffentlichen Funktionen übernommen, und gleich begraben sie ihn, der diese Funktionen bisher ausgeübt hat, in endliche Vergessenheit. So geht er aus und läßt sich ruhend nieder, bis die Einladung des Meisters ertönt: „Komme aufwärts!"

Die Geschäftigkeit der Märkte geht fort; alte Kirchenglieder sind freundlich, aber unterworfen und stille; denn das große und laute Gewühl öffentlicher Thätigkeit muß jetzt durch jüngere Kräfte betrieben werden. Dieses muß den alten treuen Gottesknecht rühren, indem er noch empfindlich ist für alle Gefühle christlicher Liebe und Freundschaft aus andern Tagen.

Jenes alte Roß, wenn es dort hinausgetrieben wird, um dem Tode zu verfallen, muß das tiefste Bedauern, der vorübergehenden Menschheit, abnöthigen; und ob in der Zartheit unserer christlichen Humanität und Brüderschaft der dienstunfähige Prediger auch nicht einen Moment als Analogie gelten soll, so wird er dennoch in eine bewußte empfindliche Lage ähnlicher Wohlthätigkeit hineingedrängt. Lebendig begraben zu werden, ist der Schrecken der Kohlen=Bergwerkleute. Während der alte, arbeitserschöpfte, öffentliche Knecht Jesu durchaus nicht mit dem Bergmann analog ist, dennoch als ein Opfer seiner Gefühle, über sein „Sich zurückziehen" kommt er sich selbst vor, als wirklich beiseits gethan und hingelegt in die Gruft, entfernt von dem Blick des Publikums. —

Mitten in diesem Zustande des Ueberblickes über die geschäftige Welt, muß er sich stille von jeder Theilnahme

zurückziehen. Der Geist ist willig, aber das Fleisch ist
schwach. Während das Auge immer noch die Erde über=
blickt, und das Herz von den erschütternden Scenen des
Fortschritts eingenommen ist, ist seine Natur noch em=
pfindlich für die Wunden des Vergessenseins. Manchen
Sieg hat er für die Kirche und die Menschheit in seiner
Blüthe gewonnen; aber die Kirche, forttreibend mit täg=
lichen Errungenschaften, hat keine Zeit, ihre Schmeichel=
worte beständig zu äußern. Unter den schmerzlichen Ein=
drücken menschlicher Undankbarkeit, welche so häufig der
Lohn ihrer Wohlthäter war, ist's kein Wunder, daß er
manchmal im bitteren Gefühl über die Erde und in süßer
Hoffnung des Himmels wiederholt: „Es ist besser ab=
zuscheiden und bei Christo zu sein!"

5. Die kärgliche Dankbarkeit, die durch die Collekte
für abgelebte Prediger ausgezahlt wird, ist eine Quelle
jährlicher Betrübniß, sowohl als eine drückende Täu=
schung für manchen alten hülflosen Bruder. Es ist eine
weisliche und gerechte Absicht in unserer Kirchenhaushal=
tung, reichliche Vorkehrungen für die zeitliche Bequemlich=
keit, dieser hier noch säumenden Würdigen zu treffen.
Aber das eifrige Vordringen der Kirche zum Siege,
beides in unseren hiesigen und ausländischen kirchlichen
Unternehmungen, vertheilt unsere Einnahmen so, daß
der gutgemeinte Plan nur ärmlich ausgeführt wird, und
der dienstunfähige Prediger hat nur in Zeiten der Noth
ein abgezogenes *pro rata* für thatsächliche Bedürfnisse.
Die Erfahrung von Bedrückung und Noth, wenn die

Speicher der Welt ob der Fülle ihres Inhaltes bersten, macht die Noth mehr fühlbar und das Bewußtsein desselben peinlicher.

Wir unterlassen es hier, weitere Andeutungen über diesen Gegenstand zu machen. Jedoch wir erkühnen uns, es als eine gottgefällige, heilige Pflicht der Kirche zu bezeichnen, für ihre alten „dienstunfähigen Arbeiter" r e i c h l i ch zu sorgen.

Aber wahrlich, das Opfer erscheint groß und die Kosten erschreckend; indessen der hoffnungsvolle, dienstunfähige Knecht Gottes weiß, daß der Vater im Himmel ihn für alle diese Leiden vergelten wird. — Daher ihn keine dieser Dinge bewegen.

Doch diese obigen Prüfungen sind durchaus nicht allgemein, sondern vielleicht nur zufällig. Wenn die Kirche von den Bedürfnissen eines ihrer alten Diener klar in Kenntniß gesetzt wird, so ist ihre Sympathie und ihr Beistand sofort zur Hand. Die Kirche liebt und achtet ihre unvermögend gewordenen Arbeiter, und irgend eine Versäumniß oder eine Vernachlässigung ist daher nur scheinbar und unbeabsichtigt. Die Collekte zur Unterstützung alter hülfsbedürftiger Prediger ist aber unter allen Beiträgen der wärmsten Theilnahme werth. Aber allen Prüfungen des dienstunfähigen Reisepredigers sind seine Freuden weit überlegen.

Drittes Kapitel.

Freuden des dienstunfähigen Reise-
predigers.

1. Das stille, friedliche Bewußtsein
erfüllter Pflicht: Es gibt keine irdische Freude,
welche diese übertrifft. Es ist eine süße Muße der Betrachtung, in welcher man Trophäen zählt. Es ist ein Abend
voll Sonnenschein, an welchem man die reichen Ernte-
garben zusammenstellt. Der dienstunfähige, altersschwache Prediger ist nahezu ein Ueberwinder. Die
zweifelhafte Probezeit ist so weit in der Vergangenheit,
daß ihre Möglichkeiten in einer Glaubensgewißheit erscheinen, welche ans Schauen grenzt. Sorge und Mühe, Trübsal und Leiden, wie sie nunmehr überstanden sind, sind der
Anbruch ewiger Herrlichkeit. Der Anfang und das
Ende des Lebens, wenn von einem treuen Gottesknechte,
unter dem letzteren Gesichtspunkte, in Gegensatz gestellt,
ergeben einen großen Ueberschuß von stiller Zufriedenheit.
Das Bewußtsein der Treue ist schon an sich eine Belohnung die nur mit einem Leben der Pflichterfüllung erkauft

werden kann. Der altersschwache Knecht Gottes
betrachtet schon als Belohnung die klare seligmachende
Vorkehrung der Evangeliumsgnade und Verheißungen,
die er so lange Andern verkündigt hat.

2. Diese Zeit der Dienstunfähigkeit ist eine beson=
dere Aera um Hoffnungen und Erbtheilsverheißungen zu
athmen. Die Zweifel vermindern sich und die Hoffnungen
mehren sich, wie einst die Brode und Fische des Heilandes.
Die Schönheiten des göttlichen Wortes sind mehr anzie=
hend; die heilige Schrift erhält einen neuen, unberechen=
baren Werth. Jeder Text mit seinem früheren Umfang
der Geheimnisse, erscheint jetzt wie eine neue aufgehende
Sonne, oder ein Morgenstern. Den Jüngeren haben
oft die blos historischen und literarischen Theile der heili=
gen Schrift mehr Interesse und Bedeutung, als die klaren
Verheißungen. Aber die Seele des Betagten zieht es vor,
sich an geistlichen Verheißungen und an den gedeckten
Tafeln der frischen Gnade zu laben.

3. Der Hinblick auf die Mühen der
Vergangenheit hat einen entzückenden Reiz
für den Ueberwinder. Die Siege haben sich so
dem Gedächtnisse eingeprägt wie ein fortwährender
Jahres=Gedenktag. Die Arbeit hat ihre süßesten Freu=
den auf dem Boden des Kelches, wenn ihre festlichen
Zeiten als vergangen betrachtet werden. Die wunder=
baren Erfolge des Evangeliums aus vergangenen Jahren
gehen einer um den andern auf der Bildfläche der Be=
trachtung vorüber.

4. Außer der Freude über überstandene Mühen ist noch als eine Freude, die hundertfältig trägt, der anmuthige Ueberblick der Siege der Vergangenheit zu nennen. Eines Predigers Leben hat manchen zweifelhaften Zusammmenstoß und manchen kritischen Engpaß gehabt, wo keine Hülfe war, als nur in Gott. „Manche Welle ist über die Seele gegangen und manche Furche auf dem Rücken gezogen worden.“ Endlich auf dem Hügel des Sieges, hoffend, betend, arbeitend und wagend steht die reiche Seele da. Der Sieger, erfüllt mit Freude, giebt Gott die Ehre. Diese glänzenden Lebens-Episoden haben eine Häufigkeit gewonnen, und haben sich im Gedächtniß einen Wohnplatz errichtet, bis die ganze Vergangenheit sich herumbewegt, wie die illustrirte Geschichte eines Siegers. Wieder und wieder gehen diese Siege an dem Blick vorüber, währemd der alte Veteran in der „Kriegerheimath“ wartet.

5. Als weitere Freude ist das angenehme Bewußtsein, eines Lebens das gut zugebracht worden ist. Fortdauernder Sieg in der Vergangenheit bedeutet fortdauernde Geschäftigkeit im Berufe. Die innere Anerkennung erfüllter Pflicht ist eine süße Belohnung für den Ueberwinder in der Arbeit. „Hinfort ist mir beigelegt die Krone der Gerechtigkeit!“ ist eine krönende Erwägung. Niemand aber kann in dieser Thatsache mit einem näheren und klareren Anblick frohlocken als der altersschwache dienstunfähige Reiseprediger. Die Erinnerung offenbart, daß jeder heilige Moment eines ganzen

Lebens durch heilige Pflichterfüllung ausgekauft worden
iſt, und zeigt ſich jetzt in einer entſprechenden Hoffnung
einer ewigen Zukunft, die gleichfalls ausgekauft iſt. Die
contraſtirten Gefühle eines Mannes, der ſechzig Jahre
Gott geehrt und den Menſchen ein Segen war, und die
Gefühle eines andern Mannes, der ihr ſo lange ein Fluch
war, müſſen jetzt mit ganz verſchiedenen Schauern die
Seele durchzittern.

Die Geſchichte hat uns auf ihren Blättern eine große
Anzahl von Namen bedeutender Männer verzeichnet, die
im weltlichen Sinne eine glänzende Carriere hatten und
denen Tauſende die Lorbeeren der Anerkennung zu Füßen
niederlegten, die aber trotzdem in den Feierſtunden des
Lebensabends unzufrieden mit ihrem Leben waren, und
ſelbſt das Urtheil abgaben, daß es ein verfehltes geweſen
ſei. Jawohl, an der Grenze angelangt, wo die ahnungs-
vollen Schauer des Jenſeits ſchon wie Abendlüfte den
ſchwachen Menſchen umwehen, da beginnt Jeder ernſtlich
nachzudenken, ob ſein Leben der eigentlichen Beſtimmung
entſprochen hat. Aber unter allen Namen, die uns als
ſolche bekannt ſind, die nur mit Unwillen und innerer
Selbſtanklage auf die zurückgelegte Bahn ſchauen konnten, iſt kein einziger wahrer Prediger des Evangeliums
Chriſti. Paulus, der theure Knecht Jeſu, hatte mehr
als Tauſende im Dienſte ſeines Herrn zu dulden. So
waren auch ſeine irdiſchen Verluſte um des Herrn Willen
bedeutender, als ſie bei Vielen ſind, die ihr Alles dem
Herrn auf den Weihaltar legen. Er gab Ruhm, Ehre,

hohe Stellung, gemüthliches Leben, berühmte Freund=
schaften und gesellschaftliche Verbindungen, und Alles,
was in der Welt geschätzt wird, daran, auf daß er
Christum gewönne.   Und siehe denselben Mann in der
Abendröthe seines Reisepredigerlaufes!   Dort steht er
ohne Namen und Freunde, ohne Ehre und Ruhm, ein
Gefangener und Gebundener, dem das Richtschwert bald
das schöne Haupt vom Rumpfe trennen soll.   Und wir
fragen   wieder: War   er   unglücklich   oder   traurig?
Bedauert er sein Reisepredigerleben?   Wünscht er sich
Angesichts   des   Todes   in   die   Stellung   eines   jüdischen
Pharisäers   oder   griechischen   Philosophen?   O   nein!
Entfernt von jedem derartigen Gedanken jubelt er auf:
„Ich habe d e n g u t e n Kampf gekämpft!"

Dies ist das Urtheil eines jeden treuen Knechtes
Gottes,   der   nahe   am   Schluß   seiner   Laufbahn   dieselbe
noch einmal überblickt und alle Stätten betrachtet, die
sein   Pilgerfuß   betreten.   Er   stand   ein   ganzes   Leben
durch Ehre und Schande im Dienste des Königs aller
Könige, den er nie gesehen und doch lieb gehabt, und
nun freut er sich über seine Wahl, denn sein letzter
Gang geht dorthin, wo man den König in seiner
Schönheit sehen darf! —

6. Er freut sich frohlockend mit der ganzen Kirche
über ihren Fortschritt.   Dies ist ein vereinigter Sieg.
Er vermehrt die Aussicht des Einzelnen zu Millionen.
Von der verbundenen zur allgemeinen Kirche fortschrei=
tend, ist die Vermehrung bis zu unzähligen Millionen.

Einer in der Mitte eines solchen Zions zu sein, ist ein Anblick der sich ausdehnenden Herrlichkeit dessen Gegenstück um den Thron Gottes ist. Dieses Gefühl ist nicht bruchstückweise, sondern vereinigt menschliche Individualität in eine Art allgemeine Bürgerschaft und Eigenthumsrecht der sämmtlichen Freuden der ganzen Kirche als „Alle in Christo Jesu."

7. Aber der Höhepunkt aller seiner Freuden ist die endliche Erwartung einer himmlischen Heimath. Das Pilgergefühl ist unterworfen, und er gibt willig das Leben, „was er jetzt lebt, für das was zukünftig ist." Nahe bei den Thoren des Jenseits zu sein ist eine Reichthumsfülle der Aussicht; sie offen zu sehen ist ein reizender Antrieb dahin zu eilen.

Wer von den Veteranen eines irdischen, beendigten Krieges, wie sie das letzte Thal durchschritten haben, und den letzten Hügel ersteigen, von welchem man die Heimath überblicken kann, fängt nicht an, seine Sehkraft anzustrengen, um die ersten begierigen Fernblicke zu haben! Und welcher selige Gottesknecht ruft nicht die Namensliste seiner seligen Freunde ins Gedächtniß? Jene theuren Erscheinungen, die dort warten, und deren Geistesaugen erfreut über unserer Sterblichkeit wachen, um die über die himmlischen Hügel Ankommenden willkommen zu heißen?

Der fromme Veteran schaut in froher Erwartung nach den nahen Hügeln der Unsterblichkeit hin und kann sie sich in Wahrheit mit himmlischen Wächtern bedeckt denken, die ihre bewillkommende Vereinigung ſingen.

Wir nehmen Abſchied von unſerem treuen abgelebten betagten Reiſeprediger, gerade wie der Engel des Lebens hernieberſchwebt, um ihn im Feuerwagen zu den Him= meln zu erheben.

—————

„Wirſt Du hier dem Herrn nur bis an's End vertrauen,
Wird Dir dort der Treue Lohn auf Himmelsauen;
Was Du geglaubt haſt, das wirſt Du ſehen,
Wie Du geglaubet haſt, ſo wird's geſchehen!"

—————

Vierter Theil.

Die Dienstbelohnung und Krönung.

„Ich habe einen guten Kampf gekämpft, ich habe den Lauf vollendet, ich habe Glauben gehalten; hinfort ist mir beigelegt die Krone der Gerechtigkeit."

Paulus.

Wie wird uns sein, wenn endlich nach dem schweren,
    Doch nach dem letzten ausgekämpften Streit,
Wir aus der Fremde in die Heimath kehren
Und einzieh'n in das Thor der Ewigkeit!
Wenn wir den letzten Staub von unsern Füßen,
Den letzten Schweiß vom Angesicht gewischt,
Und in der Nähe sehen und begrüßen,
Was oft den Muth im Pilgerthal erfrischt.

Wie wird uns sein, wenn durch die Himmelsräume,
Wir Hand in Hand mit Sel'gen uns ergeh'n,
Am Strom des Lebens, wo die Lebensbäume
Frisch wie am dritten Schöpfungstage steh'n;
Da, wo in ew'ger Jugend nichts veraltet,
Nicht mehr die Zeit mit scharfem Zahne nagt,
Da, wo kein Auge bricht, kein Herz erkaltet,
Kein Leid, kein Schmerz, kein Tod die Sel'gen plagt

                              K. Spitta.

Erſtes Kapitel.

Der Eintritt in den Krönungsſaal.

Wie können wir dieſes Thema entwickeln?   Wir ſind
noch dieſſeit der Fluth.   Niemand von der ungezählten
Schaar hat je, bei der ihn in Anſpruch nehmenden Selig‐
keit der Erlöſten, Muße gehabt, mit einer Beſchreibung
zurückzukehren.   Kein Patriarch, Prophet oder Apoſtel,
kein Vater und keine Mutter, kein unſchuldiges Kinblein,
einmal in der Krönung verklärt, iſt je beauftragt worden,
dieſe außerordentliche Herrlichkeit auf unſere Erde zu
leiten.   Kein Auge hat es geſehen, kein Ohr hat es ge‐
hört, noch iſt es je in eines Menſchen Herz gekommen,
die Herrlichkeit zu begreifen, die an uns ſoll geoffenbaret
werden.

Johannes, der geliebte Jünger, hatte einige dieſer
Lichterſcheinungen geſehen.   Paulus, noch im Fleiſche,
war in einem Geſichte hinaufgerückt; aber ſogar, was er
ſahe, war nicht erlaubt auszuſprechen.   Der Verfaſſer
der Offenbarung ſtand zwiſchen den höhern Unſterblichen
und war angewieſen zu ſchreiben; aber er war noch ein
Sterblicher und konnte nur in wunderbaren Vergleichun‐

gen und gewagten inspirirten Metaphern frohlocken; und
wir, die wir nur Sterbliche sind, sehen nur durch einen
dunklen Spiegel und werden durch die theilweise geoffen=
barten Geheimnisse verwirrt.

Aber die Welt, und besonders die christliche Kirche,
wird zu verlangender Erwartung und heiliger Specu=
lation angereizt. Die Einbildung auf heiligem Boden
mag vollständige Bilder malen, und zwar auf den Grund
ihrer Fernblicke über Jordans Ufer, wo sie goldene
Straßen, Lebensströme und Bäume mit heilenden Blät=
tern und himmlischen Früchten erblickt. Der inspirirte
Architekt mag seine Ideal=Hauptstadt erbauen, daß sie
schöner strahlt als die im Orient; oder daß sie sogar die
Phantasie noch übertrifft. Aber dennoch bringt die
heilige Offenbarung darauf, daß die erhabenste Vorstel=
lung nicht gänzlich angemessen sein würde, um die Herr=
lichkeit vorzubedeuten, die an uns soll geoffenbaret wer
den. „Es ist noch nicht erschienen, was wir sein werden,
aber wir wissen, wenn es erscheinen wird, werden wir
ihm ähnlich sein, denn wir werden ihn sehen, wie er ist.“

Dennoch aber ist die wunderbare allumfassende Wirk=
lichkeit des ewigen Tages vor unseren Blicken verhüllt
und schimmert nur so viel durch, als der Sterbliche mit
lebendigem Glauben zu ertragen vermag. — Wer kann
das ewige Gewicht der Herrlichkeit berechnen? Wer
kann die unsichtbare Stadt der vielen Wohnungen be=
schreiben? Wer kann den König in seiner Schönheit
malen? Wir wissen, daß von jener Scene die Finster=

niß durch's Licht des ewigen Tages verbannt iſt; baß
heilige Liebe der Athem der Einwohner iſt; baß reine
Geſellſchaft jede pochende Seele in eine Einheit verbin-
bet; daß friebliche Ruhe ſie ewig ſtärkt; daß bie Ver-
ſammlungen der Erlöſten ununterbrochene Gottesbienſte
an ſeinem nie aufhörenden Sabbath abhalten; daß Mühe
und Schmerz, Alter und Trübſal für immer vorbei ſind;
daß alle die theuren Lieben, die ſchon hingeſchieden ſind,
und Alle, die ſich in Frömmigkeit und getreuer Pflichterfüllung zu allen Zeiten ausgezeichnet haben, daß ſie
Alle dort ſein werden und daß Jeſus der Hauptgegen-
ſtand aller Evangeliumsbotſchaften in Gnaden ben Vor-
ſiß führen wird, um Segnungen und Kronen aus-
zutheilen. —

Von dieſem erhabenen Standpunkte der Betrachtung
iſt es nicht unángemeſſen, zu erwägen, welches von den,
in dieſem Buche behandelten Durchgangsſtadien in des
Prebigers Leben das glücklichſte und wünſchenswertheſte
iſt, von welchem bie andern nur erzieheriſch-einleitende
Vorſtufen ſind. —

Die Kraft des jungen, chriſtlichen Waſſenträgers,
welche durch Hoffnung und eifriges Streben geſteigert
wurde, hat gewißlich aus der Freude über die erſten Erfolge, manche Begeiſterung geſchöpft. Jetzt ſoll dieſe
Begeiſterung und Freude über alle Erfolge des ganzen
Lebens in ſeliges Entzücken und Gottloben über-
gehen! —

Der ehrwürdige Veteran, welcher oft Anführer und
Zeuge war, da reumüthige und bußfertige Seelen aus
den "*Andersonville's*" und "*Libbey's*" ihrer Sünden-
gefangenschaft als Erlöste und Begnadigte in die herrliche
Freiheit der Gotteskindschaft versetzt wurden, muß ein
frohlockender, seliger Prediger sein; zumal er nun von
des Thrones Stufen auf die Trophäen seines Lebens
blicken kann! —

Der geduldige, hier in seinen Abendstunden noch wei-
lende Knecht Gottes, dessen Tagewerk wohlgethan ist,
muß es wohlthuend für Herz und Geist finden, wenn er
erwägen kann, daß der Garten der Hallelujahlieder und
das Paradies, wo Unsterblichkeitslüfte fächeln, so nahe
sind.

Aber der unvergleichliche Stand, ein gekrönter König
zu sein, die Erwägung solch' einer einzigartig herrlichen
Umgebung, die herrlichen Gefilde eines endlosen
Elysiums, die neue Zugehörigkeit und Mitgliedschaft zu
den ungezählten Schaaren verklärter Gotteskinder, die
Gesellschaft der Sieger und Ueberwinder aller Zeiten und
der Erzengel, die nur in der stillen Ewigkeit gelebt, die
Bewillkommungsgrüße des Welterlösers und seine lie-
bende Anerkennung, wenn man ihn von Angesicht zu
Angesicht schaut; — und dieses Alles nun ewiges Eigen-
thum des Ueberwinders! Wahrlich, dieses wird unbe-
greiflich und unbeschreiblich entzückend und beglückend für
den gekrönten Prediger Jesu Christi sein!

Welch' ein Fortschritt des Wachsthums vom Probe=
dienst bis zur Krönung! — Zuerst nur ein gebrechliches
Kind der Schwachheit, zitternd in Gottes Erntefeld hinaus=
gesandt; dann ein Mann und Held, der mit aller Kraft
in seinem heiligen Berufe thätig ist; dann der dienst=
unfähige, altersschwache Veteran in der Thüre seines
Zeltes zur Abendzeit, wartend auf das Kommen seines
Herrn; dann die Krönung vor dem höchsten Gerichtshof
des Universums! Erst der Wurm, dann die Chrysalide,
dann der schöne Schmetterling, der leichtbeschwingt im
Feengarten flattert. — Anfänglich war sein Spielraum
die Welt, dann die streitende Kirche und zuletzt die
triumphirende! Erst war er nur das schwache Kind,
dann der erwachsene Mann, dann der verklärte Heilige!
Wahrlich, die hochfliegendste Einbildung muß vor dieser
strahlenden Erhabenheit erbleichen.

Und wo ist dieses süße Heim der Heiligen, und diese
Stadt der Kronen? Nur hinter dem nächstliegenden
Thal; nur noch eine Karawanen=Tagereise entfernt;
wir Alle werden dort schon am nächsten Morgen unser
Bivouac aufschlagen!—Das Alabama unserer erwarteten
Ruhe dreht sich schon im Kaleidoscop und ist beinahe
Wirklichkeit geworden. In diesem Wonnethal, welches
das obere Land der Herrlichkeit umrandet, werden schon
jetzt die Stürme durch das Fächeln der Lüfte beschwich=
tigt, die kühlend über die goldenen Ufer des Jenseits
streichen. Die Stürme und Orkane des niederen Schat=
tenlandes sind für immer zurückgelassen. Der dünn=

gewebte Schleier, welcher kaum die herrliche Krönung
derer verhüllte, die vorangegangen sind, zerreißt nun von
selbst vor den Geistesblicken des Knechtes Gottes! Das
Ohr des Glaubens vernimmt die süßen Töne der Him=
melsmusik aus dem ringsher schallenden Siegesrauschen.
Und durch die dunklen Vorhänge und Hüllen sind die
Jubelrufe der Unsterblichen vernehmbar; sie bringen aus
den Sphären des Jenseits herüber; hier wiederum sind
schattige Lebensbäume sichtbar; sie faffen die Wege und
Gärten der Vororte einer großen Stadt ein; dort er=
glänzt schon die Stadt selbst; es ist die Stadt unseres
Gottes.

Wann werden wir die goldenen Straßen dieser Stadt
betreten? Wann wird der beschwingte Geist sich him=
melwärts heben? Die Uhr, welche die Zeit unseres Ab=
scheidens anzeigt, tickt bereits ihre letzten Secun=
den. Was wir jetzt noch erwerben, ob durch Arbeit und
Anstrengung oder Bestellung und Ankauf, wäre beffer
dazu verwendet, unsere Wohnungen im Palast des Lichts
auszuschmücken; denn der Zeiger unserer endlichen Be=
stimmung weist schon hoch auf die Zwölf unseres ewigen
Mittags. Bald werden alle Reiseprediger=Pilger, welche
die Welt mit dem Evangelium des Friedens erfüllt
haben, in der Heimath zur großen Conferenz erscheinen,
um die Berichte ihrer Arbeit und die Trophäen erretteter
Seelen, zu den Füßen ihres Meisters, niederzulegen.
Dann wird der Krönungstag völlig eröffnet sein.

Vater, darf dein Kind bald ziehen
    Aus dem öden Nachtrevier,
Hin, wo hehre Sonnen glühen:
    In das reine Sein zu dir? —
        Wo die Seele,
        Frei von Fehle,
Mehr kein Kummer drückt wie hier. —

Ach, ich halt' zum Himmelsbogen
    Schon so lang' den Blick gericht't!
Wann kommt durch die Nacht gezogen,
    Himmelsglanz und Morgenlicht?
        Wann erreichen
        Hoffnungszeichen
Jener Küste mein Gesicht?!

Doch, ich will im Gottvertrauen,
    Harren mit getrostem Muth;
Bis der Heimath Blüthenauen
    Fernher tauchen aus der Fluth. —
        Stilles Sehnen
        Heimwehthränen,
Nur Geduld! Gott macht es gut!

                        C. A. P.

Zweites Kapitel.

Die Krönungsfreuden.

· Wenn der Prediger des Evangeliums, erschöpft von der Arbeit und niedergebeugt vom Alter hinübergerückt werden soll, so haben wir von Jesu Lippen selbst eine Copie der Versetzungs-Ordre, wie sie der Seraph, welcher den Feuerwagen lenkt, mitbringt. Sie lautet: „Kommt, ihr Gesegneten meines Vaters, ererbet das Reich, das für euch bereitet ist!"

> „Ich möcht' der Kleinste lieber sein
> Von meines Gottes Volk,
> Als tragen eine Königskron
> Auf Erden, auf erhab'nem Thron."

Es ist unendlich besser, einer Krönung, mit dem Ab-zeichen des Königs aller Könige theilhaftig zu werden, als die Freuden Egyptens, die Reichthümer eines Krösus, oder das Reich eines Alexander zu haben. Der Glanz dieser Krone ist nicht ein Diadem der Thaten, sondern der bluterkaufte, hochrothe Glanz des köstlichen Glaubens, der ins Schauen crystallisirt ist.

Weil Jesus, der Meister eine Dornenkrone getragen,
sollen seine verklärten Jünger mit einer Krone der Ge=
rechtigkeit und des ewigen Lebens geschmückt werden.
Wie unendlich mehr bevorrechtet und ehrt Jesus seine
Jünger als sich selbst! Der Himmel ist die erhabene
Zufluchts= und Wohnstätte für Priester und Könige.
Und im ganzen großen Himmel unseres Gottes wird kein
ungekrönter König sein. Das herrschsüchtige Wesen
und die Selbstsucht weltlicher Könige erfordern einzelne
besondere Reiche und sogar dann noch giebt's ein Neiden
und Kriegen und Streiten und Sichreißen um die Besitz=
thümer der Schwächeren oder herrenlosen Ländergebiete.
Nicht so in unserm Falle. Die Könige im Himmel sind
Miterben Christi; Jeder hat eine eigene Sternen=
krone; aber Alle haben einen Thron in Gemeinschaft.
Daher ist's erklärlich wie Alle ein gleiches ungetheiltes
absolutes Erbe und Interesse in allen Reichsgütern
haben, wenn sie mit Christus auf seinem Throne sitzen.
Die ausübende Herrschermacht ist in der Hand des
Königs aller Könige.

Die äußerste Finsterniß, von der die Schrift spricht,
ist einfach ein Aufenthaltsort entthronter Könige des
Himmels und ungekrönter Könige der Erde. Daher
muß Jeder die Warnung der Schrift beherzigen: „Laß
Niemand deine Krone nehmen!"

Der gekrönte Heilige wird nicht der unbewußte Stroh=
mann sein, der nur formell da ist, daß ihm eine Krone
angepaßt werde; sondern wird am meisten entzückt werden

durch das herrliche Bewußtsein und die selige Gewißheit
von seiner erhabenen Stellung, als Inhaber unbeschreib=
licher Seligkeiten.

Der gekrönte Prediger des Evangeliums wird froh=
lockend sein ganzes Dasein überschauen; seine Vergangen=
heit, Gegenwart und Zukunft und seine Seligkeit dadurch
steigern. Auch sein Gedächtniß wird im Blute des Lammes
gewaschen sein, und mithin werden die herrlichen Offen=
barungen Gottes in seinem Erdenleben ihm alle neu vor
der Seele stehen und selbst dadurch seine Himmelsfreuden
vermehren. Wenn der verklärte Heilige sich alle Erfah=
rungen im Dienste seines Meisters wieder in Erinnerung
ruft: Arbeit, Sorge, Lasten, Opfer, Verfolgung,
Treue, Standhaftigkeit, loyale Erfüllung seiner Pflich=
ten, alle seine Verleugnungen und Anstrengungen um
Jesu Willen, wird selbst sein Himmel herrlicher werden.
Pauli ganzer Catalog von Entbehrungen und Leiden,
wenn er in der Ewigkeit im Gedächtniß wiederholt wach=
gerufen würde, wäre nur dazu angethan seine herrliche
Seligpreisung mehr nachdrücklich hervorzuheben.

Gerade im Verhältniß, wie die Erinnerung im Stande
ist, die Schrecken und Gefahren des Weges, und die Siege
über die Widerstände der sündigen Welt sich zu vergegen=
wärtigen, der Welt, durch welche die Seele streitend
und triumphirend sich unbefleckt ihren Pfad zum Himmel
durchgebahnt, in dem Verhältniß wird der Werth und
die Herrlichkeit des Himmels dem vollendeten Heiligen
in der Scala seiner Seligkeit steigen. Wenn die Er=

innerung die ganze Vergangenheit prüfend durcheilt und
begleitet den triumphirenden Ueberwinder bis zum Stand=
punkte der kronenreichen Wirklichkeit, was ist alsdann
die Aussicht des verklärten Auges, das unter dem himm=
lischen Diadem hervorstrahlt? Der Selige gewahrt dort
in der Ferne die Paläste von Jaspis, wie sie den erhabe=
nen Dom der Herrlichkeit erfüllen; dort die paradiesisch
beblümten Landschaften des ewig grünen Hügels und
die duftigen Thäler mit frischen Wasserbächen; und
dorther seine Verwandten und Brüder, die erlöst sind von
der Erde und nunmehr in weißen Kleidern prangen.
Sie bedecken die Auen des Himmels und ihre Zahl über=
steigt weit jede Rechenkunst weltlicher Mathematiker.
Nach Zahl und Herrlichkeit sind sie wie die Sterne ver=
mehrt in Constellationen, und die Constellationen in
Sternensysteme, und die System ein ein Universum!
und dazu jeder Stern herausgehoben aus dem Schooße
der Nacht in den Mittagsglanz eines ewigen Tages!

Solche sind die gekrönten Geschlechter Israels, und
solche wird das Auge der Verklärten gewahren; nämlich
die Erlösten des Herrn, welche die leuchtenden Sterne
überstrahlen werden bis in die ewigen Ewigkeiten!

Dort in der Nähe werden wir Jesum sehen als den
Mittelpunkt dieses geistigen Universums von Constellatio=
nen. Er wird gekrönt sein, und mit einer unbeschreib=
lichen Herrlichkeit geschmückt sein als Herr und König
über Alle; so daß der Strahlenglanz seiner Krone das
Licht des ewigen Tages sein wird.

Hält der, also in der Herrlichkeit, Gekrönte Umschau, um die Versicherungen seiner Zukunft zu sehen, so darf er nur auf seine Krone blicken: Ewig! heißt die goldene Inschrift derselben. „Ewig!" lautet die Strahlenschrift des Versicherungswappens über dem Eingangsportal seines Palastes. „Ewig!" lautet das Loosungswort der himmlischen Wachposten und „Ewig!" ist die Prachtinschrift eines jeden Pfeilers, auf dem das Firmament des Lichts ruht!

Die Nacht pflegt den Pilger auf Erden zu umschatten; doch nunmehr sind seine Schatten aus dem Gesichtskreise von Gottes ewigem Mittag weggestrahlt. Und wie das reine Licht seinen Glanz in ewige Dauer ausgießt, glüht auch hier das Wort: „Ewig!" hervor. — Der Besitztitel, welcher den gekrönten Heiligen persönlich zu diesen Gütern berechtigt, gilt nicht seinen Erben noch Bevollmächtigten, sondern ihm, dem Bewohner der himmlischen Behausung. Dieser Besitztitel ist geziert mit dem großen Staatssiegel des Himmels, und unter dasselbe hat die blutige Hand des Gekreuzigten die Inschrift gesetzt: „Ewig!"

Frägst Du nun, liebe Bruderseele, die Du noch hienieden im Lande der Dornen wandelst, „Wann wird dieses Alles mir zu Theil? So antwortet er, der die Kronen austheilen wird: „Ueber ein Kleines!" Mag uns auch Manches noch verborgen bleiben, Gottlob, wir wissen mit unumstößlicher Gewißheit, daß jener frohe Tag nahe ist, wo wir schauen werden, was wir hier geglaubt!

Wir wiſſen, daß die Engel mit entzücktem Staunen uns begrüßen werden; wir wiſſen, daß die Begrüßungen und Beglückwünſchungen beides des Gottes der Chriſten und des Himmels der Chriſten würdig ſein werden. Wir wiſſen, daß dieſer Kelch der Seligkeiten ewig gefüllt ſein wird, und daß der noch jüngſt betagte, altersſchwache und dienſtunfähige Reiſeprediger wieder völlig hergeſtellt ſein wird in die regelmäßigen Reihen zu treten; zwar nicht mehr in die Reihen der Reiſeprediger, ſondern in die der erlöſten Heiligen, im Reich der ſüßen Ruhe. Und wir wiſſen wohl, daß der Höhepunkt der wirklichen Erfah=rungen dieſer ſchönen Seele, der erhabene Krönungs=geſang ſein wird, deſſen Muſik wieder und wieder, ſeit dem erſten Erinnern an die Kindheit dieſes Lebens ertönte, ſo daß der Mund des jetzt Verklärten ihn ſofort ohne einen Antrieb mitſingen kann:

„Aber ihm, der uns geliebet hat und gewaſchen von unſern Sünden in ſeinem Blut, ihm ſei Ehre und Macht bis in Ewigkeit!